瀬戸内純情スクリーン

～映画は夢のワンダーランド～

監督：帰来雅基

映倫
EIRIN

サンライズ出版

父　広三
母　冨士子
妻　光代
に感謝をこめて

まえがき

「七〇年代の映画と自分の青春のすべてを書きつづりたい」という思いで『高松純情シネマ』を出版してから、いつのまにか二〇年が過ぎた。

時代が平成から令和に変わったのはもちろんの事、僕のまわりにもさまざまな出来事があった。

たくさんの人と出会い、多くの人に助けられ、無事に会社を定年まで勤め上げた。そして、両親と妻を見送り、二人の子供たちがそれぞれに家庭を持った事で、僕は六五才にして「自由気ままな一人暮らしの前期高齢者」となった。

ただ、そんな日々の中でも「映画」は常に僕の人生とともにあった。

映画との関わりは、喜怒哀楽の色々なシーンで重なり続けており、それはもう「趣味」という何となく軽いものではなく、「人生の一部」と言っていいようにも思える。

そして、退職したらもう一回、そういう思いを文章に書きたい、もう一冊、本という形で残したいと願い続けて来た夢を、やっと今、こういう形でかなえる事ができた。

前回の『高松純情シネマ』は、僕の高校から大学時代の七年間に絞って、自分の青春時代と映画との思い出について書いたものだが、高校生以前、小中学生の間も映画は見てきたし、大学を卒業して就職し、家庭を持つようになってからも、常に映画は僕の隣にあった。そういった前回では書き切れなかった思いも書いたのが、この本である。

①番スクリーン（シネコンの館内案内をマネしてみた）では、小学生時代の映画体験に始まり、映画に目覚めた中学生の時から大学生時代までの出来事を書いてみた。

たくさんの映画との関わりの中でも、六五才になってもなお、心に残る人生の一コマである。

②番スクリーンは、僕の好きなスターや監督にまつわる一文である。

映画ファンなら誰でも、憧れのスターとか好きな監督がいると思うが、僕の場合は元々がミーハー気質という事もあり、時にその偏愛ぶりが度を越してしまう事がある。これは彼ら彼女らへのラブレターでもある訳だ。

③番スクリーンは、映画のジャンルごとに自分の思いを綴っている。

多くの映画を見ていく中で、自分の感じたさまざまな疑問や、印象的な出来事を思いつくままに書いた。映画というものが、僕の人格形成に如何に深く関わっているかという事を再認識した次第である。

そして④番スクリーンでは、主に平成時代になってからの映画や映画人との関わりを中心に書いている。

ここでは家族との思い出から「令和の〝今〟」に至る自分の立ち位置についても思いを巡らせてみた。たくさんの人に支えられてこその「映画と人生」であるとつくづく感じさせられもした次第である。

自分の好きな事を自由に書く事ができるエッセイという形式は、どうしてもとりとめのないものになりがちで、この本もそういう傾向が見られなくもない。ただ間違いなく一貫しているのは、僕が「映画が好き」という事実と、「映画は常に僕の人生の隣にあり、人生の日々は映画に彩られている」という思いに他ならない。

そんな、今の僕の「映画との繋がり」を、すべてこの本の中に封じ込めてみたつもりだ。

肩の力を抜いて、気楽に読んでいただければ幸いである。

目次

3

3番スクリーン

映画は夢のワンダーランド

4

4番スクリーン

大切な事は全て映画館で学んだ

1

1番スクリーン

あの時君は若かった

映画マニアの「ルーツ」を探して

明治四二年（一九〇九）生まれの映画評論家、淀川長治氏の書いたエッセイを今もよく覚えている。それはこんな内容だ。「二才の時に初めて映画を見て、走る自動車にびっくりした」「場面を覚えている初めての映画は五才の時に見た尾上松之助の剣術シーン」「アメリカ映画で走る女の人を見たのは六才の時だった」……。

そして、このエッセイを読んだ時から今もずっと不思議でならない事がある。それは、人間というもの、わずか二才の時に見た映画の場面を本当に覚えているのだろうか？　大きくなってからの後付けの記憶ではないのだろうか？　という疑問である。

それを考えていくとこんな思いにとらわれてくる。——では、自分はいったい何才の時から映画を見てきたのだろうか？　そして、そんな映画のシーンをどれだけ覚えているのだろう

か？

　これは実に興味深い問題である。

　僕が映画にのめり込んだきっかけは、中学二年生の春休みに見た「ベン・ハー」との出会いである。それ以降、映画ノートを書き始め、映画雑誌を読み、スターに憧れ、長じるに従って人生の機微や素晴らしさ、切なさを映画から学んできた。

　もちろん、「ベン・ハー」に出会う以前からも映画は数多く見てきたのだが、ではそれまでの自分は何を考えて映画と接して来たのだろうか？　淀川氏に倣って言うと、初めて記憶に残っている映画のシーンは何なのだろうか……。

　そんな事をあれこれ考えていたら、自他共に認める映画マニアであり、エラソーに映画を見て、その感想を人に伝えたり、書き残したりしてきた自分が「映画」にのめり込むようになるまでの、いわば「ルーツ」がどこにあるのかという事をこの機会に探ってみたくなってきた。


　僕の映画好きのルーツは、さかのぼれる範囲でいうと、淀川長治氏と同世代の明治四〇年(一九〇七)生まれの祖母、綾さんの影響が大きいようだ。

　実は若い時から「カツドウ好き」で、小さかった母を小学校に送り出してから一人でよく映画館に通っていたらしく自分と同い年の田中絹代の大ファンだったとか。その影響で、母も無類の映画好きとなり、昭和一三年（一九三八）公開の「愛染かつら」を高松市花園町にあった弥生座という映画館で見たのを覚えていると聞いた事がある。母が八才の時である。

　母は初めて一人で見た映画の事も覚えていて、こちらは昭和二一年（一九四六）に高松市内の第一電気館で見た「純情二重奏」という作品らしい。指一本動かせない超満員の館内で見たと懐かしそうに話してくれたものだ。

　そして、父はと言えば、実はこちらも「カツドウ写真」が大好きだったようだ。東讃の農村育ちの父は、お盆や秋祭りの縁日で野外上映されるカツドウ写真が大の楽しみで、活動弁士の語り口が特にお気に入りだったとか。板東妻三郎の大殺陣を覚えていて、後年になって、それがサイレントの名作「雄呂血」だったと知ったらしい。

　そういう訳で二人の間に一人っ子として育った僕が、母に背負われる頃から映画館に連れられていっていたのは当たり前の事だったのである。映画好きの血筋は遺伝するのだろうか？

　少し余談になるが、実は戸籍も他の書類もすべて「昭和三〇年（一九五五）一月一日生まれ」となっている僕だが、本当はそうではない。「昭和二九年（一九五四）一二月三一日」の午後九時頃が正しい誕生日時なのである。

　だから今でも、占いを見る時はどっちにしようか迷ったりしている。「紅白歌合戦」をラジオで聞いている時に産まれたそうで、混乱と混迷の昭和二〇年代より、明るく未来に踏み出す昭和三〇年代のスタートがいい！　と父が決めたらしい。

そんな映画好きな両親の血をひく僕であるが、初めて見た映画のシーンの記憶となると、かなりアヤシクなる。

両親に聞くと、昭和三三年（一九五八）公開の「大怪獣バラン」が最初に連れて行った映画だというのだが、まったく記憶はない。

春には長島茂雄が巨人軍でデビューし、国鉄の金田正一投手に三振の山を築かれ、年末には東京タワーが完成した。テレビがまだ一般家庭に普及せず映画が最大の娯楽だったという年である。

「『ゴジラ』や『ゴジラの逆襲』もおんぶして行ったんで！」と母は常々自慢そうに話していたし、太平洋戦争で海軍の航空隊に勤務していた父は飛行機映画が大好きで、「翼よ！　あれが巴里の灯だ」「B52爆撃隊」といった一九五〇年代の航空映画にも僕を連れていっていたらしい。だから、かなりの数を映画館で見ているはずなのだが、こちらもまったく覚えていない。

そういった事を踏まえて淀川氏に倣っていうと、僕の記憶に残る初めての映画は、昭和三五年（一九六〇）封切の東宝映画「太平洋の嵐」という戦争映画である。

亀阜幼稚園すみれ組に通っていた五才の僕が覚えているのは、真珠湾攻撃に向かう海軍攻撃隊が山肌スレスレに低空飛行するたびに大きく揺れる木々のシーンと、敵の攻撃を受けて海底に沈没した空母の艦橋で二人の司令官の〝亡霊〟が静かに語り合うシーンであり、子供心に強烈な印象として意識に残った。

「太平洋の嵐」はＤＶＤを時々見返しているが、六〇年が過ぎた今でもこの二つのシーンになると潜在記憶が蘇るような気がしてしまう。

六月には安保闘争で日本中が大揺れとなり、一〇月には浅沼稲次郎社会党委員長が講演中に刺殺されたりと、騒然とした世の中であったにもかかわらず、「映画が国民最大の娯楽」といえる時代だった。

そして、高松市立亀阜小学校に入る頃になると、映画にはいろいろな思い出が付随している。夏休みに母に連れていってもらったのが東映動画の「西遊記」と、怪獣映画「モスラ」。モスラが東京タワーに繭を張るシーンは強烈に覚えている。父も一緒に行ったのは黒澤明の「用心棒」とか、石原裕次郎の「零戦黒雲一家」である。

あと、小林旭の「渡り鳥故郷へ帰る」は高松市内でロケが行われ、僕も見学に行った。瓦町近くのガソリンスタンドで小林旭と桂小金次が話すシーンだったと思うが、撮影隊の周りを凄い数のファンが取り巻いていて、ちょっと恐ろしくなってしまったものだ。

そして小学校も四年生となると、もう一人前の男の子である。見た映画はほとんど覚えているし、ストーリーや登場人物の心情、作品の社会的背景にまで心を動かされる事も多くなっていた。

そんななか、昭和三九年（一九六四）には東京オリンピックが開催された。開会式はちょうど土曜日。五輪マークを大空に描いた航空自衛隊ブルーインパルスの事は、父が買っていた航空雑誌を読んで知っていた事もあり、「凄くカッコいい！」と白黒のブラウン管にかじりついていた。

学校では、全校生徒が体育館に集まって一台のテレビ（！）を取り囲んで男子マラソンで力走する円谷選手に声援を送ったりしたし、女子バレーボールがソ連を破って金メダルを決めた瞬間は、父と母がテレビの前でバンザイしていた事を覚えている。

父は飛行機好きの戦中派だったから、その手の映画は絶対に見逃さなかったし、必ず僕を連れて行ってくれた。栗林公園で花見をした後に市内にあるライオンカンで見た「史上最大の作戦」の迫力や、「633爆撃隊」「ブルーマックス」「バルジ大作戦」といった映画を見た後は帰り道にある模型店で、登場する飛行機や戦車のプラモデルを買ってもらったりした事を思い出す。

そして母はといえば、「明るく楽しい東宝映画」のファンだった。

当時の日本映画といえば、東宝は黒澤明に特撮怪獣映画とサラリーマン映画。東映は任侠映画、松竹は大人の恋愛映画。日活はアクションと吉永小百合。そして大映は「座頭市」と「眠狂四郎」である。

だから「子供に見せるのなら東宝映画」というのは母の確信であったのだと思う。そういう経緯もあり、森繁久弥の「駅前」シリーズや「社長」シリーズ、植木等のサラリーマン喜劇から加山雄三の「若大将」まで、ほとんどの作品を映画館でリアルタイム鑑賞している。

そんな小学生時代に、半世紀以上たった今も強烈な印象を残す映画に出会っている。昭和四一年（一九六六）の秋に家族三人で見た「ミクロの決死圏」がその作品である。

大脳の血腫を除去するために、バクテリアの大きさにまで縮小した人間を患者の体内に送り込んで内部から手術するという奇想天外なアイデアは、小学生たちには実に魅力的な設定で、僕のクラスもその話題で持ちきりだった。

科学者たちを乗せたまま縮小された潜航艇プロメテウス号が、注射針の中から静脈血の中へ突入していくシーンの迫力や、タイムリミットが設定されているサスペンスの面白さもさる事ながら、少年たちの胸をアツくしていたのは女医ラクェル・ウェルチの超グラマラスなスタイルだった。かくいう僕も、授業中に先生に見つかったのにも気づかずに、ひたすらグラマーなオネエちゃんと、プロメテウス号をノートに書き続けていて、大目玉を喰らったりしたものだった。

高校二年生の時には、リバイバル公開されたこの作品を再見したが、やっぱりあの縮小完了までのプロセスと注射器からの突入シーン、そして色っぽい彼女と潜航艇が一番カッコいい！という結論に達したのだった。

「ミクロの決死圏」は今もDVDを見るたびに、その面白さを再認識している。それでも作品のポイントは、やっぱり彼女のスタイルと潜航艇プロメテウスのカッコ良さに尽きる！　と思うのだ。情けない話だが、要するにこれは、僕の精神構造が小学生の時からまったく進歩していないという事の証明にもなるようだ。

昭和四二年（一九六七）春、高松市立紫雲中学校一年生となって初めて見た映画はSF人形劇「サンダーバード」だった。当時の男子小中学生で、「国際救助隊サンダーバード」にハマらなかったヤツはいなかったのではないか。

そして僕は、この映画を見た時に映画パンフレットなるモノを初めて買い求めた。それが今に続く僕の一二〇〇冊を越えるパンフレット収集の記念すべき第一冊目となる事をこのときはまだ知る由もなかったが……。

第三次中東戦争の勃発、ベトナム戦争の激化という時代の中でも日本は高度成長を続けており、田舎の男子中学生は、刻々と変わる国内外の情勢よりもテスト勉強やクラブ活動、うるさく言われる両親や先生、一緒に遊ぶ友達との関係に気持ちが向いていたのである。

当時の紫雲中学校の校則では、映画や繁華街に出かける時は父兄同伴というのが決まりだったが、学校が割引券を配布するなど、許可した映画についてはその範疇ではなかった。

そういう規則を守る事に関しては割とマジメというか臆病だった僕は、この頃も両親とよく映画に行っている。

「日本のいちばん長い日」では、決起した陸軍将校が反対派の軍幹部の首を一刀両断に斬り落とすシーンにひっくり返るほど衝撃を受けた。「上意討ち」などは、両親は深く感動したようだったが、僕には何か難しくて「大人の世界はよくわからんなぁ」と思ったものだ。

また、「劇場版ウルトラマン」に母と行った時は、カラー大画面で躍動するウルトラマンを何度も見たくて、一通り見た後にもう一回見る！ とゴネて、ハラをたてた母と映画館で大ゲンカした事もある。

それからも「夕陽のガンマン」「荒野の用心棒」から「グラン・プリ」「007は二度死ぬ」「荒鷲の要塞」……。さらには学校の映画教室として高松市民会館で見た「偉大な生涯の物語」や「黒部の太陽」と映画行脚は続いていく。

そして、昭和四三年（一九六八）を迎えて、中学二年生になった僕にひとつの転機がやってくる。それまで西部劇、戦争映画、アクション、SF、怪獣というジャンルしか見てこなかった僕にも「思春期」というものがやってきたのである！

世の中はまさに「昭和元禄」――。田舎の一三才の少年も色気づくんです。女の子への興味と同時に、恋とか愛とかのキーワードが頭の中を占め始めると見たい映画のジャンルも変化してくるという訳だ。

僕と同年代のオリビア・ハシーがヌードを見せた「ロミオとジュリエット」では、鼻血が出そうになり、「華麗なる賭け」では、スティーブ・マックィーンとフェイ・ダナウェイの長い長いキスシーンに頭がクラクラした。「猿の惑星」や「2001年宇宙の旅」といった映画史に残る作品もこの年の公開であり、それまでの脳天気なだけだったSF映画とは大きく違うテイストには圧倒された。映画からは実にいろいろな感情が溢れているんだな……と実感し始めたのも、この頃だったように思う。

そして昭和四四年（一九六九）三月二八日。高松スカラ座。ついに僕は、人生を変える一本の映画と出会う事になる。――「ベン・ハー」である。

中学三年生を迎える直前の春休みの事だ。

学校から許可されていた映画という事もあり、仲の良かった同級生四人と出かけた。「ベン・ハー」については若干の予備知識はあった。上映時間が四時間という長さの古代ローマを舞台にした〝アクションスペクタクル映画〟――。今まで見てきたいろいろな映画の範疇だと思いながら、悪ガキ五人で座席に身を沈めたのだが……。

壮大で華麗な序曲に始まり、大ローマ軍の行進、友情と裏切り、家族愛。そしてベン・ハーが奴隷として戦う大海戦の迫力！　こりゃ凄い！　と身を乗り出して見始めた。スクリーンには今まで見てきたどの映画にもないスケールの大きさと熱い人間ドラマが繰り広げられていたのだ。

そしてクライマックスの映画史に残る戦車競争のシーン。まさに手に汗を握ってスクリーンを見ていたその時！　ブツッ！　という大音響とともに映画が中断し、場内が真っ暗になった。間髪を入れずに場内アナウンスが流れた。

「ただいま、フィルムの不調がありました。今しばらくお待ちください」……。場内が明るくなり、映写室で人の出入りがあわただしくなった。大歓声のローマ競技場から一転、いきなり現実に引き戻された僕は思わず大きなため息をついてしまった。しかし、それでも直前まで見ていた戦車の疾走の興奮と緊張がとぎれる事はなかった。

結局、一〇分程度の中断の後に再開された訳だが、そんなトラブルがあったにもかかわらず、上映終了後になっても僕は「ベン・ハー」という作品の、ひいては「映画」というものの素晴らしさに圧倒されていた。

何が一四才の少年の心をこんなにも動かしたのか。なぜこの時期に「映画」の素晴らしさに気づく事になったのか――。今、考えてみると、それはやはり、少年から大人への移行期という思春期特有の感情にも起因するものではないかと思う。

何かにハマる時期とでも言おうか、何か夢中になれるものを潜在的に探していたというか、僕の場合、それがドンピシャの状況で出現したのが「映画」であったという事なのだろう。

その翌日、新しい大学ノートを買ってきた僕はその第一ページにこう書いた。

「映画は素晴らしい。ただ、面白ければいい、カッコよければいいという、それだけではだめだ。ひとつの作品から一本の主題を引き抜いて考えなくては！　このノート、何冊続くかわからないが、作品とともに僕の青春も語ってくれる貴重な資料となる事を願う」

さらに続いて「ベン・ハー」の感想を書き、「この作品に出会って映画の面白さと素晴らしさに気づかされた。ウィリアム・ワイラー、チャールトン・ヘストンありがとう！」と結んだ。

これが今に続く映画ノートの始まりである。スクリーンで見た数多くの作品に対する本音や、その折々の自分の心象風景を書き綴ったノートは何物にも代え難い宝物である。

それもこれも含めて映画ファンとしての僕のすべての原点が、「ベン・ハー」との出会いである事は間違いがないのだ。

そして「ベン・ハー」を見た二週間後に中学三年生となり、高校受験という大きな壁に向かう受験生となった訳だが、見たい映画は次々と公開され続けていて、映画に目覚めた僕が我慢できるはずもなかった。

テストの合間や夏休みには、両親に無理を言って自分の行きたい映画には付き添ってもらった。元々が映画好きの二人だったので嫌がる事はなかったが、テストの点が悪かった時などは、母の機嫌が悪く完全に無視されていたものである。

この年の話題は何といっても、アポロ一一号の月面初着陸というビッグニュースである。一

映画に目覚めた直後、中学三年生修学旅行の船上にて。（左端が私）

月に東大安田講堂の攻防戦と入学試験の中止、六月には新宿西口広場騒乱事件と学生運動も過激化していたが、中学生の僕にはアポロ以外のニュースにはあまり関心がなく、「コント５５号　裏番組をブッ飛ばせ！」の野球拳に夢中になり、「ゲバゲバ９０分」のコントに大笑いしていた。

あと、五月の九州への修学旅行の際に、小川ローザの人気ＣＭ「オー！　モーレッ！」のマネをしてふざけていた同級生が、引率の先生にこっぴどく怒鳴られたのを今も覚えているが(笑)。

「ウエスト・サイド物語」から「太平洋の地獄」までいろいろな映画を見たが、一〇月に父と二人で見た「空軍大戦略」を最後に、さすがに受験勉強に集中する事になった。

『スクリーン』や『近代映画』は読み続けていて、新作情報やスターの近況を知るたびに「あ〜、早く思いっきり映画が見たい〜！」と七転八倒していたという次第である。

明けて昭和四五年(一九七〇)三月。

映画を我慢した甲斐があり、第一志望の香川県立高松高校にどうにか合格！　合格発表が三月二〇日で、一週間後の入学説明会が終わるやいなやライオンカンに駆けつけた。作品は、ライン河をめぐる米独軍の攻防戦を描いた「レマゲン鉄橋」である。

半年ぶりに映画館のシートに身を沈めながら、僕は「よーし、これからは映画を見まくるぞ～っ！」と弾む気持ちで、スクリーンに向かっていた。

それからの映画との出会いは、前著『高松純情シネマ』に書き記した通りである。映画と共に青春時代を送り、社会人としての年月も映画抜きでは語れない。

そして六五才になった今も、やっぱり映画とともに日々を歩んでいる。

タバコも吸わないし、コーヒーも苦手である。パチンコにも行かなければ、釣りにもゴルフにも興味がない。人生最大の趣味が「映画」なのだ。

これからも「映画は生涯変わることのない永遠の恋人であり、最高の友人」であり続けていくのである。

そんな事を考えていると、半世紀以上前の、あの遠い遠い少年の日が、つい昨日の事のように思えてきた。

八百屋の店先にハリウッドの夢

「趣味は何ですか?」と聞かれて「映画です」と返すのは当然なのだが、「単に映画を見る事だけではないんですよ!」と説明したい衝動にかられる時がある。

まず、「映画館で映画を見る事」、そして、その映画の面白さや素晴らしさを多くの人に「伝えたい・語りたい・共有したい」というのが僕の「趣味は映画」のスタンスなのである。

いつからこんなにのめり込んでしまったのかを振り返ってみると、もちろん名作「ベン・ハー」を見た中学三年生の時から……というのはその通りなのだが、実はそれ以前にも、その後の映画マニアへの素地となったのかもしれないある人との出会いがあった。

あれから半世紀以上が過ぎたのに、今でも名前も知らないその人の一言を懐かしく思い出す

時がある。

昭和四二年(一九六七)、中学一年生の時の事である。

くりくりとした眼と色白の丸顔が愛嬌たっぷりのU君とはしょっちゅう一緒に遊んでいたが、彼は音楽好きで、当時の少年少女たちが夢中になっていた加山雄三とかグループサウンズではなく、海外のポップスを追いかけていたヤツだった。

そんな彼が僕に「おい、帰来！　おまえ放送部やからレコードかけられるやろ？　明日の昼休みにこれかけてくれよ」と言ってきたのは秋も終わりの頃だったと思う。

それがビートルズの「抱きしめたい」だった。実は僕も、数ヶ月前に放送された世界初の多元衛星中継で流れたビートルズの歌と演奏に痛く感動していたのである。

六月に放送された、世界二四カ国を初めて宇宙衛星で繋いだ世界同時中継の番組は、大きなインパクトがあった。今、この瞬間に世界の人は何を考えているのか？　とか、何をしているのかといった興味は尽きることがなかったし、とにかく食い入るようにして見ていたのだ。

そんななか、僕はロンドンから中継されたバンドのスタジオ録音の映像に心を奪われてしまったのだ。

それがビートルズの「愛こそはすべて」の録音風景だった。

それからビートルズという存在を意識し始めた僕だったが、「抱きしめたい」も彼の持ってきたレコードを一度聞いただけで、そのリズムと躍動感に圧倒されてしまった。昼休みのBGMとして校内放送で全校に流したのは、その翌日のことだった。

「ビートルズってカッコいい！」と放送室で僕とU君が悦に入っていた時、放送部顧問の音楽の先生がドタドタと走り込んできてこう怒鳴った。

「こらっ！　あんな連中のこんな歌を流すために高い機器を置いてるんじゃないぞ！　おまえらはいったい何を考えとるんじゃ！」

この顧問の先生が、また超の付く堅物！　とにかく、元陸軍大尉で戦闘機乗りだったというのだから筋金入りである。当時はまだ太平洋戦争終戦から二〇年ちょっと。学校の先生にも軍隊経験者はゴロゴロいた時代だった。

「あの教頭先生は、満州の国境守備隊長で絶対に敵に後ろを見せなかったらしいから、逆らうととんでもないことになる」とか、「生徒指導の先生は海軍の駆逐艦乗りで、乗艦が沈没してから三日間も太平洋を漂流した経験がある」などという話題は日常茶飯事だった。だから、この顧問の先生の怒鳴り声の前には何も言えずに直立不動するしかなかったのである。

結局、僕らはこっぴどく怒られて職員室の床に正座させられる羽目になった。「先生、あの感覚がわからんのかなぁ」と思いつつ、僕らはワックスの匂いとタバコの煙が充満している職員室に座っていた。

職員室から出てきた時に、U君は「あのな、ビートルズな、映画にも出てるんや。むちゃくちゃ面白いって、隣の八百屋の兄ちゃんが言うとったわ」と教えてくれた。


あれから半世紀――。

まさかビートルズの楽曲が音楽の教科書に掲載され、二〇世紀最大の音楽家と呼ばれるようになるとは、先生も僕も思ってもいなかった。親から子へ、子から孫世代へ。その魅力は確実にこれからも新しい世代へと引き継がれていくに違いない。

ジョンとジョージはすでに伝説となり、リンゴも悠々自適の生活のようだ。ただポールは七八才の今も、当時と変わらぬパワフルさと声量で世界中をツアーで回って新しいファンを生み出しているのには、敬服を通り過ぎて感動すら覚えてしまう。

そして、ビートルズの主演映画である「ビートルズがやって来る　ヤア！　ヤア！　ヤア！」「ヘルプ！　4人はアイドル」「イエロー・サブマリン」「レット・イット・ビー」の四本はDVDやブルーレイでも発売されているし、BSやCS放送で何度も放送されている。

この稿を書くにあたって、久しぶりに四本をまとめて見たのだが、「抱きしめたい」を聞いた時に、「あの時の音楽の先生、結局ビートルズが理解できたんやろか」という思いが胸をよぎった。

U君と並んで正座させられた時の職員室のワックスとタバコの匂いが一気に蘇ってくるような気が、その時ふっとした。

昭和四三年(一九六八)といえば、国内外ともにひとつの大きな時代の転換点と位置づけられることの多い年である。

国外では、アメリカでのベトナム戦争反戦運動に絡んだ若者たちのムーブメントに加え、チェコに侵入したソ連軍に象徴される国家主義の台頭があった。国内でも学生運動の過激化があると思えば、横尾忠則が人気となり、「サイケデリック文化」なる表現方法がブームとなったりしていた。アポロ八号が人類史上初めて月の裏側に行き、三億円強奪事件が起こるなど、とにかく混沌としていた六〇年代末期であった。

そんな中でも、田舎町の中学二年生だった僕は、相変わらず学校と家とを往復し、仲のいい友だちと遊んだり、マンガを読んだりという何という事もない日々を送っていたのだが、「中二病」(当時はそんな言い方はなかっただろうが)にかかる事もなく、ある意味幸せな一四才だったように思う。

秋の遠足で鳴門公園に行った帰り道、僕はU君の家に寄り道をした。

中学一年の「ビートルズ正座事件」の後もU君とは一緒にいろいろと遊んでいたのだが、事あるごとに彼の口から「隣の八百屋の兄ちゃんが……」と出るのを聞いて、実は興味津々だったのである。

「映画や海外の音楽に詳しい人らしいが、どんな人なんやろか？」という疑問が抑えきれなくなり、彼に紹介を頼んだのだ。当時の僕は、そろそろ映画の面白さに気づき始めた頃で、小学生の時から見ていたスパイ映画や戦争映画以外にも、いろいろなジャンルの映画が知りたくなっていたのである。

U君の家の隣にその八百屋はあった。威勢の良い男の人の売り声が外にまで響いていて、近所のおばちゃんたちが忙しそうに出入りしていた。角刈りに丸眼鏡をかけた二〇代半ばぐらいの兄ちゃんがその声の主だった。兄ちゃんは僕らを見つけると、開口一番大きく笑いながらこう言った。

「お〜、去年コイツと一緒にビートルズかけて職員室に座らされたのはあんたか〜！　まぁ、こっちにお入りや」

勢いに押されて怖々と店内をのぞき込んだ僕はびっくりした。

キャベツやキュウリやミカン、リンゴといった商品が並べられている店内の四方の壁全部が映画のポスターで埋め尽くされていたのだ！　「ウエスト・サイド物語」に「大脱走」「俺たちに明日はない」。そしてひときわ目立つ場所には「卒業」が……。

カッコ良くて美しいスターたちに囲まれて、兄ちゃんは元気よく店内を歩き回り、おばちゃんたちと談笑していた。その大声と活気とポスターの迫力で、店内はまるでハリウッドのような華やかさと明るさが溢れていた。

仕事が一段落して、二階の部屋に通された僕たちに、兄ちゃんは山のように積まれた『スクリーン』や『映画の友』を見せてくれながら、「キャサリン・ロスの『卒業』はええぞぉ。俺、独身やけど、もう三回も見たで」と話し始めた。

その時にはまだ「卒業」を見ていなかった僕だったが、兄ちゃんはそんな事おかまいなしに、ダスティン・ホフマンという新人がまったく美男子じゃなくて気に入らんとか、サイモン&ガーファンクルの「サウンド・オブ・サイレンス」が泣けるほどええんやとか、身振り手振りを交えて興奮気味に語ってくれた。

そんな熱い映画談義に圧倒されたままの帰り際、兄ちゃんは僕に、高松市内映画館の招待券をくれた。俗にいう「ビラ下券」というもので、映画館のポスターや立て看板を置かせてくれた家や店にお礼の意味で映画館からくれるというシロモノである。その時に兄ちゃんは、僕の顔をまっすぐに見ながらこう言ったのだ。

「映画は人生の心の友や。しっかりとたくさん見て、考えたり楽しんだりするんやで」

僕がそれから本格的に映画に目覚めるひとつの大きなキッカケになったのがこの一言だったのかもしれないと今でも思う。

兄ちゃん絶賛の「卒業」を見たのは、それから数年がたって自他共に認める映画マニアになっていた高校二年生の時だった。

キャサリン・ロスとダスティン・ホフマンの略奪結婚のシーンを見た僕が、この作品の素晴らしさに気づくとともに、映画やハリウッドへのあこがれで溢れていた、あの八百屋の店先と元気な兄ちゃんの事を懐かしく思い出したのは言うまでもない。


先日、何十年ぶりかで、八百屋のあった街角を訪ねてみた。

U君とは別々の高校に進学したこともあって、中学を卒業してから交流は途絶えていたし、八百屋もかなり前に廃業したとは聞いていた。

しかし！　何と驚いた事に八百屋の店舗自体はまだ当時のまま残っていた！

サビついたシャッターが降りてはいたが、その中にはひょっとしたら、まだあのたくさんの映画ポスターが貼ってあるのだろうかと思うと胸が熱くなってくるのを抑えきれなかった。そして、八〇才近くになっているはずの兄ちゃんは、やっぱり今もどこかで元気に映画を見続けているのだろうかという事も……。

帰り際に、ホコリにまみれたその店を振り返った時、シャッターの奥からキャサリン・ロスやナタリー・ウッドが「あの時のあなたもやっぱり映画ファンになったのね！」と僕に話しかける声が聞こえてくるような気がした。

1972早春ラプソディ

高校二年生の学年末試験が二日後に迫っているというのに、僕はカゼをひいてしまい、三九度の熱をだしてウンウン唸っていた。

高校入学以来、初めての欠席をした月曜日の寒い朝、フトンにくるまって熱でボーッとしていた頭に、母の大きな声がガンガンと響いてきた。

「あさま山荘がエライ事になっとるで！」

昭和四七年（一九七二）二月二八日。五〇年近くたった今も、関わった多くの人たちの心に、深い傷を残す「あさま山荘」への突入がまさにその時、始まったのだった。

この年は年頭から社会を賑わす大きな出来事が相次いでいた。一月には、グアム島で発見さ

れた横井庄一元日本陸軍軍曹が二八年ぶりに日本に帰還し、二月には札幌冬季オリンピックが開催され、日本中がスキージャンプの「日の丸飛行隊」や、女子フィギュアのジャネット・リンに熱狂していた。

そんななか、一七才になったばかりの僕は、まもなく自分につけられる「大学受験生」という身分に暗澹たる思いを抱いていた。と言っても、好きな映画もあんまり見られなくなるんかなぁ……という意味でのユーウツさではあったが……。

そしてこの年は、その数年前から激化の一途をたどっていた学生運動、いわゆる「全共闘運動」がピークを迎えていた頃でもあった。

まったくの映画少年で、仲のいい友達と女の子の噂をして、映画に行くだけしか興味のなかったノンポリの僕は、それでもこれからの日本はどんな方向に行くのかだろうかと考えたりもしていた。それだけに、銃で武装した学生たちが、人質をとって民間の保養施設に立てこもるという一連の行動にはかなりの衝撃を受けた。

何日か前から、立てこもった学生たちと警察側との一進一退の攻防が続いていたのはニュースで知っていたが、ついに警察が全力で人質救出作戦を開始したのが、この日の朝だったのである。

朝一〇時に始まった救出作戦は、大鉄球で建物を破壊したり、放水車による大量の放水など熾烈を極めていた。続々と増える死傷者。いつ終わるとも知れない緊迫した状況を延々と伝え続けるテレビ中継。

そんなブラウン管の映像を食い入るように見つめながら、高熱でボンヤリした頭の隅で僕は、普段なら学校に行って昼間のテレビ中継など見られるはずがなかったのに、たまたまカゼをひいて学校を休んでいたから、この歴史的な事件の目撃者となったその偶然に驚きつつ、「まるで映画みたいや……」という思いをぬぐいきれずにいた。

それまでに見てきた数多くの刑事アクションや、戦争映画と同じような光景が現実に日本の国内で繰り広げられているという事が、僕にはどうしても信じられなかったのである。

午後六時過ぎ、警察側に二名もの殉職者を出すという大きな犠牲を払いながら、人質は無事に救出されるとともに学生たちは全員が逮捕され、事件は終わった。

熱心にテレビを見ていたせいか、僕の熱も徐々に下がり始めた。母は「学生の親御さんの事を考えるとたまらんな〜。あんなゲバ学生にはならんとってよ」と真面目に僕の顔をのぞきこんで言ったものである。

その日の夜、仕事から帰ってきた父は、職場でテレビ中継を見ていたようだったが、「あんな学生たちを育ててしまった俺ら世代に責任があるんや。同じ年ぐらいで、戦死していった戦友たちに申し訳がたたん」といって嘆いていた。僕が、「もし俺が、あんな事件を起こしたらどうする?」と聞くと、父が即座に「お前を殺して俺も死ぬ」と言った、その口調を今も時々思い出す。

翌日、学校に行くと、その話題で持ちきりだったが、同級生たちからは「帰来は、テレビ中継が見たくて学校をサボった」と、しばらくは言われ続けてしまった。


あの日から五〇年近くがたった。

当時の学生たちも七〇代となり、彼らと対峙した警察側や政治官僚のいわゆる〝大人たち〟は、ほとんどが亡くなっているはずだ。

その間に、この事件をテーマにした映画もいくつか作られている。

平成一四年(二〇〇二)に封切られた原田眞人監督の「突入せよ! あさま山荘事件」は、警察官を主人公にして、あの一日を社会派サスペンス映画として描いている。役所広司をヒーローにした純粋な「人質救出アクション映画」としてエンタテインメントに徹した製作スタンスには、ある種の潔ささえ感じる。

公開当時からいろいろな意見や批評を眼にしたが、僕は、あの一日への思い入れが強すぎて、「単なるアクション映画」として割り切って見る事ができなかったのは当然の事なのかも知れない。

　この映画では学生たちは、正義の味方である警察官の引き立て役としての扱いしかない。それなら警察側から描くのではなく、反対に学生たちの視点であの事件を描く作品が登場するのも時間の問題だろうと思っていたのだが、それには意外と長い年月が必要だったようである。

　若松孝二監督の「実録・連合赤軍　あさま山荘への道程」が公開されたのは平成二一年（二〇〇九）である。

　もともとが学生寄りのスタンスを持つ若松監督が、「『突入せよ！　あさま山荘事件』で警察が正義の味方に描かれているのが腹立たしい」という一点で私財を投げ打って製作したこの作品は、一九〇分の全てが学生たちの視点で描かれている。それはそれでまた、ひとつの考え方であると思うし、映画的にはドラマの濃さや登場人物の複雑なキャラクター設定など見るべき点は多い。

　ただ、それでも僕はどうしても学生たちにシンパシーを感じる事ができないのである。それは、七〇年代初頭の「政治の季節」をリアルタイムで知る最後の世代になるだろう六五才を迎えた僕の、あの日の自分へのエクスキューズなのかも知れないと思う。

　そして「あさま山荘」事件の直後、僕は小さな旅で、自分の行く先を改めて考える事になる。

　あさま山荘事件から二週間後の事である。

当時の大学受験のシステムは今と違って、「国立一期校」「国立二期校」というカテゴリーであり、もちろんセンター試験という概念など影も形もなかった。受験生たちは、受験する大学を自由に自分で選んで受験に臨んでいたのだ。

高校三年生を目前に控えた僕は、一年後の大学受験への下準備というか、モチベーションの保持というか、まぁ、そんな気持ちを高めるためにいろいろな大学を見学しに行くという計画を立てた。

当初から、関西の大学に進学することには何の抵抗も覚えていなかったので、京阪神の大学を回る事にして、同じ関西圏への進学を希望している同級生の村川正剛と西山正寛を誘って二泊三日の旅をする事にした。ちょうど高松高校で入学試験が行われ、在校生が休日となる期間を利用したのである。

当時は、生徒だけで県外へ旅行する時は、学校の許可が必要という時代。村川が学校に提出する申請書に「来年の大学受験に備えて、志望大学を見学する事で勉学意欲と志気の向上を図り、あわせて社会見学を通して見聞を広める」と書いているのを見た時には「理科系のくせに、うまいこと書くのぉ～」と感心してしまったが。

こんな親や先生が泣いて喜びそうな高尚な目的はそれとして、要するに、僕らはちょっと日常の生活圏を離れて、気の合う仲間と羽根を伸ばしたかっただけなのだ。

三月一二日、朝八時四〇分発の宇高連絡船に乗船。宇野に着いてからは「特急　鷲羽三号」で山陽路を神戸に向けてひた走る。

前に座っていたオジさんの持つ新聞には、あさま山荘事件から引き続いて発覚した連合赤軍集団リンチ事件の記事が見えていた。そして、国鉄のどの駅にも、大きな垂れ幕がかかっていた。「祝！　三月一五日、山陽新幹線は岡山へ！」。

新幹線も瀬戸大橋もない時代、宇野から二時間半で神戸に到着。三人であれこれバカ話しながら、神戸大学に着いた。だだっ広い敷地と重々しい正門を見た僕は、「よーし、一年間頑張るぞ～」という気持ちよりも、重厚感に圧倒されて「こりゃ、あかん……」というあきらめが先に立ってしまった。

それから阪急電車で豊中市の大阪大学へ回る。三人とも小旅行気分と開放感を満喫したかったので、車窓から見える都会の風景の方がはるかに刺激的だった。

その夜は、父の勤務していた銀行が京都に持っていた保養所に宿泊。修学旅行以来の友だちとの一夜で、夜遅くまで三人が話し込むのは、大学情報でも勉強の事でもなく、好きな女の子の話と、音楽や映画の話……。

そして翌日、目が覚めると、何と窓の外一面が銀世界だった！

夜中に降り積もったらしい雪が、朝陽に輝いてキラキラとしていた。その時、僕はふいに「京

旅行一日目。阪急三宮駅ホームで村川と。

都に住みたい!」と思った。今、考えてみると、この時の体験が京都への僕の最初のあこがれだったように思えてならないのだ。

溶け出した雪を踏みながら、丸一日かけて、京都大学、京都府立医科大学、同志社大学、立命館大学と回ったが、僕は雪景色の中に佇む京都の街並みに感動して、大学の印象は今ひとつといった所だった。

といった感じで、ここまでマジメに二日間、本来の目的を全うしてきた僕らだったが、三日目の朝になると、もう都会の誘惑に気もそぞろ。結局、昼前から三人それぞれの別行動をとる事にした。村川は、京都市内の有名なジャズ喫茶に行って音楽を聴きたいようだったし、西山はパチンコに気持ちが走っていた。そして、僕はといえば……。

もう、これは映画を見ることしかないではないか!

実は高松を出る時から、大都会のロードショー劇場で映画を見るぞ〜と、心に決めていたのである。高松市内の映画館よりもはるかに大きな劇場で、思いっきり映画を楽しむ。実は今回の旅の目的はこっちだったといっても過言ではなかったのだ。

目指すは大阪梅田にあるニューOS劇場。事前にスポーツ新聞で上映時間を調べていた作品は、その年のアカデミー作品賞が有力視されていた話題作「フレンチ・コネクション」だ。

劇場入口にドーンとドデカい看板。そして入場料も高松の倍以上の七〇〇円！　もちろん、特別席である。ゴージャスなシートに大スクリーン。そして、作品中に出てくるカーチェイスや銃撃シーンでは腹に響く大迫力の音響システム！

最高の気分で映画を見終わった僕は、「こりゃ、田舎の映画館とはスケールが違うわ。来年からはこういう所で思いっきり映画を見なくてはいかん！」とつくづく思ったものだった。つまり、映画好きの僕にとっては、志望大学を見学して奮起するよりも、素晴らしい劇場で映画を見て「やる気」を起こす方がずっと手っ取り早く確実な方法だったのである。

夕方、神戸駅で合流した僕ら三人は、口々に「その日の戦果」を話しつつ、四時間半かけて、高松へ帰っていったのだが、この帰りの特急や連絡船の中では、多くの同級生たちに出会った。要するにみんな考える事は同じで、「志望校見学」という大義名分で小旅行を楽しんでいたのである。

そして、結局僕ら三人は関西で大学生活を送る事になった。村川は大阪大学、西山は神戸大学へ。僕は、同志社大学へ進む事になり、憧れていた京都の街の住人となった。

大学生活の四年間は、映画館に通い詰める日々が続いたが、三人でお互いの下宿を行き来するたびに二人からは、「結局、お前は、映画を見るために大学へ行ったようなもんやな」と笑われたものである。まぁ、当たっているだけにまったく反論はできないのであるが……。

最近、大学入試改革論議がかまびすしい。英語に民間試験導入とか。記述式どうこうとか。しかし、システムがどんなに変わっても、試験に挑戦する受験生の負担や心情は、半世紀近く前の僕らも、今の高校生たちもそんなに変わらないのではないかと思う。

「フレンチ・コネクション」は今でもブルーレイを時々見るが、あの緊迫した尾行シーンや、高架線を走る電車を追いかけて道路を突っ走るクルマを見ると、五〇年近く前のニューOS劇場の雰囲気を思い出す。

あさま山荘、連合赤軍、そして自分が進学先を心に決めるきっかけとなった京都への小旅行と、一本の映画体験。

昭和四七年（一九七二）、春まだ浅い早春の頃の思い出である。

初恋は永遠の片思い

映画というものは　実に不思議なものだと思う。

ある一本の映画を思い出すと、その映画を見た時に自分が置かれていた状況が浮かんでくるだけでなく、その時代の風の匂いや、その時自分が何を考えて、どんなふうに行動していたかという事までが蘇ってくるのだ。

その意味では、まさに「映画は僕の人生そのもの」だとも言える。

しかし、映画が蘇らせてくれる人生のステージは、全てが楽しく懐かしい感情に彩られているわけではない。楽しく心弾むひと時を呼び覚ましてくれる映画もあれば、切ない思い出に寄り添う映画もまた、間違いなく存在するのだ。

チャールズ・ブロンソンをブレイクさせたサスペンス映画の傑作「雨の訪問者」、そしてス

こんな初々しい時代もあった。自宅で、左から私・西山・岡内。

ティーブ・マックィーンのアクション映画である「ゲッタウェイ」。あの時、この二本の映画は確かにそんな〝切なく寄り添う〟映画だった。

大阪万博が人気を集めていた昭和四五年(一九七〇)、僕が高校一年生の六月末の事である。激しい反対運動にもかかわらず、日米安保条約の自動延長が目前に迫っていたが、田舎の高校生である僕らの周りには、のんびりとした空気が流れていた。

六時間目のホームルームの時間は、運動場でサッカーやバレーボールをして体力を高めよう！　とクラス全員で決めていたのに、その日は朝から雨がしとしとと降り続いていた。

さて、では何をしましょうか？　とクラス委員の村川正剛がみんなに問いかけた。「読書！」「トランプ！」「昼寝！」とみんなが好き勝手な事を言う中で、女子の誰かが「レコードコンサートがええなぁ」と声を上げた。

一同が「おお～……」と一瞬で納得したようだった。これならレコードを聞くという名目で、昼寝しようが、読書しようが、何をしても違和感がないではないか！

ポータブルのプレーヤーは音楽室から借りてくる事にしたが、肝心のレコードがクラシックばかりである。これにはみんな、文句を言ってきた。ビートルズがいいというロック少年や、フォークソングが好きという乙女とかがいたが、校内のどこにもそんなレコードがあるはずがない。すると、村川が僕の方を見てこう言った。

「帰来！　お前、クラスで一番家が近いんやから、昼休みに家へ帰ってレコード、取ってこいよ。それをみんなで聞いたらええが」

そう言われた僕は即座に「それはええけど、俺、映画音楽のレコードしか持ってないで」と返したのだが、セシル・B・デミルを尊敬していて映画は大スペクタクルに限ると日頃から言っている岡輝人が「何でもええわ。どうせ昼寝するし、ロックでは寝られんがな」とか何とか言うので、結局、我が家にある映画音楽をみんなで聞く事になったのだった。

そして六時間目の昼下がり。しとしとと静かに雨の降り続く午後、小説を読んだり、落書きをしたり、隣の友人と小声でぼそぼそ話したりと全員が思い思いの事をしているなか、「エデンの東」や「ムーン・リバー」、「白い恋人たち」のメロディーが静かに教室に流れた。

そんななかで、当時、人気絶頂だったチャールズ・ブロンソン主演の「雨の訪問者」のテーマである「雨のワルツ」は、特に女子の間で人気が高く、「もう一回かけて〜！」という彼女らの熱いリクエストに応えて五〇分の間に三回もかける羽目になった。

「雨の訪問者」は、ヒロインを襲った怪しい男と、ブロンソン演じるところの彼女をつけ回す謎の男が交錯するサスペンス映画で、決してロマンティックな内容ではない。にもかかわらず、フランシス・レイの音楽は実に甘美でセンチメンタルで、叙情をかきたててくれるメロディーだった。僕の脳裡には、直前に映画館で見た「雨の訪問者」のワンシーンが蘇ってきて、教室の外の雨に濡れた舗道をトレンチコートの訪問者が今にも歩いてくるような気がしてならなかったのだった。

雨のシーンが印象的な映画はそれからも数多く見たけれど、半世紀が過ぎた今も、「雨のワルツ」のもの悲しいメロディーを聞くと、一五才のあの物憂い雨の日のホームルームを思い出さずにはいられない。

一五才という感受性の鋭い時期だったとはいえ、どうしてあの時あの曲をあれだけセンチメンタルに覚えているのかというと、それには理由がある。

実は当時、僕は中学時代から続く片思いの初恋のド真ん中にいたのである。

中学三年生の時に同じクラスだった女の子に恋をしてから、同じ高校に進学していた彼女と、何とか話したい、デートしたい、思いを伝えてみたいという欲求に悶々としていたという時期だったのだ。

「雨のワルツ」を聞きながら、僕の頭の中では、「雨の訪問者」に誘ってみたらよかったかなぁとか、ラブレターをいきなり渡したら嫌われるかもとか、ではどうしたら彼女と話せるんやろ？とか、いろんな思いがぐるぐると堂々巡りしていた。

好きな映画音楽とそのシーン、そして好きだった彼女への思いで胸が一杯になっていた高校一年生の僕――。

そんな自分がとても愛しく思えてきて、今でも「雨の訪問者」を見て「雨のワルツ」を聞くたびに鼻の奥の方が、ツン、と痛くなるのだ。

そして切ないもう一本の映画の思い出、それが「ゲッタウェイ」だ。実はこの思い出も、その初恋の彼女と深い関わりがある。

雨の日のレコードコンサートから二年半が経った昭和四八年（一九七三）三月の事である。

麻薬使用による逮捕歴があるとの理由でローリング・ストーンズの日本公演が中止になり、ボクシング世界フライ級王者の大場政夫が交通事故死をとげていた。そして長く続いたベトナ

高校三年生の秋、小豆島への遠足で三年一組の同級生たちと（右側白シャツが私）。

ム戦争が、パリでの和平協定調印で終わりを告げようとしていたが、僕にとっては、そんな出来事は遠い世界のようにも思えていた時期だった。そう！　大学受験のクライマックスだったのである。

二月一一日に京都の同志社大学を受験。二六日の合格発表でどうにか滑り込み、浪人生になる事は免れて一安心したのもつかの間、三月二日からは神戸大学の試験が待っていた。

結局、高校一年から受験に至る時まで、映画ばかり見て女の子ばかり気にしていた訳で、そんな受験生に幸運が訪れる事もなく、僕は見事に神戸大学にフラれてしまった。

勉強していないという自覚があり、自分でも納得していた不合格ではあったにもかかわらず、やっぱりそれでも、人並みにガックリと落ち込んだ自分に驚いた。で、結論はというと……、「映画でも見て気張らししようっと！」

三月一七日が神戸大学の合格発表の日であり、翌日の一八日に、高松大劇へ「ゲッタウェイ」を見に行った。とにかくサム・ペキンパーとマックィーンが組んだアクション映画となると見逃せないし、「大好きなマックィーンなら、気持ちの萎えた僕を元気づけてくれるだろう」と真剣に考えていたのである。

入場券を買って映画館に入ろうとしたその時だった。ふいに後ろから女の子の声で「……帰来くん？……」と呼びかけられた。振り返って彼女の顔を見た僕はひっくり返りそうになった。中学三年生から高校二年生まで、好きで好きでたまらなかった初恋の彼女がそこに立っていたのだから！

実は、あの雨の日のレコードコンサート以来、彼女には何度もアタックして玉砕し続けていたのである。

意を決して「ある愛の詩」に誘った時は、「用事があるのでごめんね」と断られ、「卒業」に誘ったときも「やっぱり用事があるんよ」と言われ、死ぬ気で出したラブレターには反応もなく……。

自分の初恋が完全に終わりを告げたと自覚したのは高校三年生になった時だった。やっと同じクラスになったのに、もうこれ以上は無理！　と自分の中で納得していたのである。

「帰来くん、神戸、どうだったん？」と聞かれて顔から火が出そうになった僕は、「いやぁ……、俺では無理だったわ。同志社に行く事にしたけん」と言うと、彼女の口から驚くべき言葉が出た。「そうなんやぁ。実は私も、お茶の水に落ちたんよ！ 笑えるやろ！」――。

これには驚かずにはいられなかった。国立難関のお茶の水女子大学に絶対合格するだろうとクラスの誰もが疑わなかった彼女の不合格は、まったく予想外の事で、僕はどう声をかけたらいいかわからなかった。

すると彼女は、入口にかかっていた映画の看板をチラッと見ると、「私も映画でも見ようかな……」とつぶやいて、さっさと入場券を買うと僕の方を見て「帰来くんも見るんやろ？」と、にっこり微笑んで映画館の中に入って行った。あわてて後を追いかけて、彼女の横に座った僕は、かなり気が動転していた。

あれほど、一緒に映画を見たい、ちょっとでも話したいと熱烈に思っていた彼女と、まさかこんなブルーな劇的状況の中でツーショットで並んで映画を見る事になろうとは……！。ましてや、彼女は僕と映画を見たい訳ではなく、合格確実と言われていた大学に落ちた傷心な気持ちをどうにかしてまぎらわしたかっただけに違いないのである。だから、その手段は映画鑑賞でなくてもよかったはずだし、さらに言えば、横にいるのは僕でなくてもよかったはずだった。

「ゲッタウェイ」のスカッとしたカッコいいガンアクションや、颯爽としたマックィーンの姿を見て気張らししたかったのに、横に好きだった初恋の彼女がいてはスクリーンに集中できるはずもなく、とても映画どころではなかった。

そして、彼女はと言うと、こちらも上映中、何かをじっと考えているような横顔で、とても映画を楽しんでいる様子には見えなかった。僕は「このシビアな状況、一生忘れんやろなぁ……」と思いながら、情けない気分でスクリーンを見ていた。

当時、私生活でも恋愛関係にあると言われていたマックィーンとアリ・マックグローが手に手を取ってメキシコ国境を越えていくラストシーンが痛いほど心に刻まれた。

そんなどうしようもない雰囲気の中で映画が終わり、映画館を出た。

ここはひとつ喫茶店にでも誘って……と考えた次の瞬間に、彼女は「じゃあ、またね！　お互いに大学に行っても頑張ろうね！」と微笑みながら言うと、スカートを翻して手を小さく振りながら僕の前から去って行ったのだった。


そんな劇的に気まずい日から二二年の月日が過ぎ去った同じ春の季節に、彼女はご主人と二人の子供を残して、四〇才という若さでこの世を去った。

その知らせを共通の友人から電話で知らされた僕は、自分の初恋の思い出が手の届かない所にいってしまったという切なさと悲しさに打ちひしがれながら、夜中に一人で「ゲッタウェイ」

のビデオを見た。

五〇才という若さですでに亡くなっていたワイルドでカッコ良かったマックィーン。僕に何度も可愛いヒジ鉄を喰らわし、時にはドギマギとさせ、時にはワクワクとさせてくれた初恋の彼女。二人とももうこの世にはいないのだと思うと、あの遙かに遠い春の日の映画館でのツーショットがこのうえもなく大切な思い出だったことに改めて気づき、涙があとからあとから溢れ出てきた。

夜中にビデオの前で僕は、家族が訝るぐらいにいつまでも泣いていた。


映画というものは実に不思議なものである。作品が残る限り、亡くなったスターたちはスクリーンの中で輝き続け、我々映画ファンの胸にはその姿が焼き付けられていく。「雨の訪問者」のチャールズ・ブロンソン、「ゲッタウェイ」のスティーブ・マックィーン。そして映画が存在する限り、映画ファンである僕の、その時々の思い出も決して色褪せる事はない。

楽しい思い出ばかりでなく、切ない思い出もまた、映画と共に永遠のものなのである。

何をさておいても映画が一番

抑圧からの解放――。そんなにカッコいいものではないが大学一年生、一八才の少年にとっては、まさにユートピアのように思っていたのではないか。

同志社大学に入学してからの僕は、それまで押さえられていた映画への欲求が一気に噴出したかのようだった。

高校三年生という「受験生」は、とにかく周りのプレッシャーが半端なく強くて、両親からの鬼のような視線をかいくぐって、映画に行くのはなかなか骨の折れる行動でもあった。

そんな身分から開放され、あこがれの大学生活！　ウルサイ親や先生から束縛されずに何をやっても何も言われない、初めての京都での一人暮らし！　浮かれきっていた僕が何をさておいてもやりたかった事、それはスポーツでもサークル活動でも、もちろん勉強でもなく「ただ

ひたすら、好きな映画を好きなだけ心ゆくまで見る事」だったのである。
受験勉強から解き放たれて、「さぁ、映画を見まくるぞぉ〜！」と張り切っていたあの日から、まもなく五〇年である。

大学入試一年前の下見旅行の時に大阪梅田の大劇場で映画を見てから、こういう環境で映画を見たい！　と思っていた僕だったので、いざ、そういうシチュエーションに自分が立ってみて改めて、浴びるように古今東西の映画を見る事が、大学の授業やいろんな雑多な時間よりもはるかに大事だと感じていたのである。

昭和四八年(一九七三)四月三日に下宿へ引っ越してきて、六日が入学式。七日、八日と下宿の片付けを済ませる。九日からはサークルの紹介や学内見学などのオリエンテーションが始まったのだが、実はもう、足は映画館に向かっていた。オリエンテーションを延々と聞くより、とにかく早く「京都で映画を見る」という体験をしたかったのだ。

京都での初めての映画は、八坂神社前にある洋画専門の名画座、祇園会館だった。九日のオリエンテーションを途中で抜け出して駆けつけたのは「新入生歓迎！」と銘打たれたビートルズ映画、「ヤア！　ヤア！　ヤア！　ビートルズがやって来る」「ヘルプ！」「イエロー・サブマリン」「レット・イット・ビー」の四本立てだ。当時はビートルズが解散してからまだ三年ほどであり、館内は学生たちで一杯だった。躍動するビートルズのメンバーをスクリーンで見ながら、僕は「あ〜、ついに京都で映画三昧の日々が始まったなぁ」と一人で悦に入っていたものである。

翌日から下宿の先輩たちによるマージャン教室が始まり、しばらく映画はお休みとなったが、土曜や日曜にしか映画に行けなかった高校時代と違って、平日でも朝でも夜でも、いつでも映画館にでかけられるというのは大きな喜びだった。

一六日には、大学に隣接していた学生会館ホールで一〇〇円カンパにより行われた「八月の濡れた砂」。一七日は同じく学生会館で「沈黙」の上映があり、迷わずに宗教学の講義をサボる。二一日は三条河原町の東宝公楽で「ポセイドン・アドベンチャー」、一週間後には松竹座で「ベン・ハー」。そしてゴールデンウィークも始まった三〇日は、一乗寺にある名画座の京一会館で「仁義なき戦い」「恍惚の人」「混血児リカ」の豪華三本立て！

次々とやってくる愛すべき映画たちを追いかけるのに夢中だった僕は、とにかく映画を見る事が何よりも優先していたわけだが、「ポセイドン・アドベンチャー」には、ちょっと面白い思い出がある。

三月から公開されていた「ポセイドン・アドベンチャー」は大ヒットを続けていて、パニック映画という言葉が世間を賑わせていた。よ～し！　二一日の土曜日に行くぞ！　と決めた僕は、事前に上映館である東宝公楽まで出かけて前売券とパンフレットを買い、週刊誌の関連記事を読み、当日に向けてテンションを上げていた。

当時の同志社大学商学部は、二回生（京都では二年生とはあまり言わない）から専門分野に分かれたゼミが始まるのだが、一回生の時は「一般演習」といって、一クラス三〇人ぐらいが担当教授の元で学生生活を送るという事になっていた。

そのクラス幹事に呼び止められたのは、映画に行こうとしている一週間ぐらい前の週末だった。

クラス幹事は二浪して入学してきた奈良県出身の調子のいいヤツで、関西人のノリ満載の雰囲気で、僕にこう言った。

「あのな、来週な、同志社女子大の子とコンパするんや。新入生同士で飲んで食べてパァ～ッとやるで～。向こうもこっちも一〇人ずつぐらいで集まろうと思うんやけど、お前も来るやろ？そりゃ来るわな～！　一人で下宿におってもオモロないで！」

で、予定日を聞くと二一日の土曜日だと言う。

映画は毎日上映しているのだから、その土曜日でなくても上映期間中ならいつでも行ける。しかし、女の子と知り合う機会はなかなかないし、ましてお膳立てまでしてくれている。コンパはその日だけなんだから、当然、コンパに行きましょう！　というのがフツーの感覚だろうと思う。しかし、その時の僕はまったく逆の思考だった。

つまり、女の子と話したり知り合ったりする機会は、これからの四年間でもまだチャンスはあるだろう。しかし、今は「ポセイドン・アドベンチャー」を見たい！　という盛り上がった感情のまま映画館に駆けつけて思いっきり映画を楽しむ事の方が、自分自身の気持ちに正直だと思ったのである。

瞬間的にこう考えた僕は、「俺、欠席。ごめんな」と言っていた。

驚いたように「何で～？」と聞き返して来たクラス幹事に、「いや、その日は映画に行こうと思とるけん」と返事をしたら、ヤツは実に不思議そうに「ふ～ん……、へぇぇ……」とうなっていたが、それ以上は誘ってこなかった。

そして二一日の夜。クラスのみんなが、女子大生たちと男女入り乱れてワイワイと飲み屋で騒いでいる時、僕はといえば、東宝公楽劇場の大スクリーンに向かって、大津波を喰らって逆さまに転覆したポセイドン号から脱出するジーン・ハックマンたちと一緒にハラハラドキドキする冒険に身を委ねつつ、「いやぁ、やっぱり飲み会よりこの映画を選んで大正解や！」と一人満足していたのであった。

あれから半世紀が過ぎたが、今も昔も大学生の考える事にそう大差がある訳もなく、そのクラス幹事には「女の子と遊ぶより映画を選ぶって、コイツ、絶対ヘンなヤツ！」と思われていただろうと考えると笑える話ではある。

もっともそれからの四年間、結果として女の子と知り合う機会などほとんどないままに過ごしたのだから、今思うと数少ない貴重なチャンスをフイにしたのではないかと思う。あの時の自分に「ここは映画をちょっとガマンして合コンに行っとけよ！」とアドバイスしてやりたい気もするのだが……(笑)。

どのイベントやスケジュールよりも映画を見る事を優先した思い出はもう一つある。これも大学一回生の時の話である。

初めて夏休みを迎えて高松に帰省していた僕は、ある人を訪ねる事にしていた。

紫雲中学校三年九組の副担任だった津川芳博先生がその人である。

津川先生は、高校受験に押しつぶされそうだった僕に、ちょっと頼りなかった担任の先生に代わって受験勉強の指導をしてくれただけでなく、折りに触れて人生を語ってくれたり、個人的な悩みを聞いてくれたりという点で、ぼくにとってはまさしく恩師と呼べる存在だった。

受験への不安や、どうしてもシャンとしない私生活の悩みとか、事あるごとに先生の所へ行ってボソボソととりとめもなく話すと、先生は決まって、「まぁ、とりあえず熱いお茶でも飲めや。

ゆっくりと話したらええ」と笑いながら迎えてくれたものである。

津川先生は国語の担当で長身痩軀。大きなギョロッとした眼を黒縁のメガネの奥から覗かせている先生に会うと、なぜかホッとしてしまう僕だった。

高校に進んでからも年に何回か会ってはいたが、大学生になってからはこの夏休みに会うのが初めてだった。日曜日の昼に先生の自宅へ会いにいく事にしていたのだが、実はその日は夕方から予定が入っていた。

当時の同志社大学には「香川県人会」という集まりがあった。香川県出身者の親睦団体で、出身地域や学年の枠を超えて故郷の話や思い出話をしながら、飲み会をしたり、夏に開催される高松まつりで連を組んで踊ったりという活動をするのである。

主に幹事役を務めるのが一回生と二回生で、その日は夕方から親睦を兼ねて、高松に帰省しているメンバーを中心に幹事会が開かれる事になっていた。僕も楽しみにしていたので、先生と会った後は、その会に駆けつける予定にしていたのだ。

ひとしきり、大学生活の話や、最近の中学生の話が弾んで、さてそろそろ……と思っていたその時、先生がおもむろに、「お前、映画が好きって言いよったけど、チャップリンの映画、見たことがあるんか?」と僕に聞いてきた。

実は、チャップリンの映画はテレビで短編を見たことがあるだけで、映画館でちゃんと向き合った事はなかったのである。それを伝えると、先生は「なんやぁ。映画好きなら彼の映画ぐらいちゃんと見とかないかん！」と言って、「今、ライオンカンで『街の灯』をやっとる。良かったら今から一緒に行くか？」と立ち上がった。

今日は県人会の集まりがある……と思い出した僕は、次の瞬間、こう考えていた。

県人会はこれから何度でも集まる機会があるが、津川先生と一緒にチャップリンを見る事はもうないかも知れない。それならここは迷わずライオンカンだ～っ！

「い、行きますっ！」と返事をしてから、あわてて「会を欠席する事を幹事に連絡せなあかん！」と思ったのだが、スマホもメールも何もない時代である。すぐに本人に連絡するには公衆電話しかなかったのだがどこにも見つからず、結局、そのまま先生と映画館に入ってしまった。県人会は無断欠席となったのだった。

「街の灯」はチャップリンの最高傑作のひとつだ。派手な演出もなく、モノクロでしかもサイレント。抱腹絶倒のギャグと美しくも哀しいラストシーンに彩られたこの傑作が、いつまでも人の心を捉えて離さないという事実は「人間の優しさ」とか「人を愛する心の素晴らしさ」といった人間の根本的感情を世界中の人々が持ち続けるべきだという彼の問いかけが、時代や世紀をまたいで、閉塞感や不安感が蔓延する現代に至るまで支持され続けている理由ではないか。

映画を見終わった時、僕と先生は二人とも顔を涙でグシャグシャにしていた。先生は照れ隠しのように、「わしが一〇〇回説教するより、この映画を一回見る方がタメになる」と言うと、シワだらけのハンカチで涙を拭いていた。

後日、県人会の幹事からは当然のように無断欠席を怒られたが、僕は、「あの時点では津川先生との映画の時間を大事にしたかったんだからしょうがなかったなぁ〜」とまったく反省の色はなかったのであった。

津川先生とは、それからも長い交流が続いた。就職してからも事あるごとに会いに行っていたし、僕の結婚式には主賓として列席いただき、暖かい励ましの言葉もいただいた。さすがに後年は年賀状挨拶だけとなっていったが、ちょっとご無沙汰が続いているなぁと思っていた平成二七年（二〇一五）、先生は八九才で亡くなられた。

一緒に肩を並べて「街の灯」を見てから四〇年以上の月日が流れ去っていた。

チャップリンの映画をスクリーンで見たのはその一回だけである。「黄金狂時代」「モダンタイムス」、「独裁者」に「ライムライト」。総ての作品はＤＶＤで見た。それらの作品を見るたびに「街の灯」は津川先生と映画館で見たなぁと懐かしく思い出す。

会議を無断欠席するという社会的非常識をやってしまった事が、結果的に半世紀近くたっても、忘れられない人と映画を蘇らせてくれる。実に皮肉な事である。

この二つのエピソードのどちらもが、それも青春、これも青春という事になるのだろうか。
単に「映画が好き」というだけだった一八才の僕だったが、六〇代中盤のこの年になっても
まだ「映画が好き！」と胸を張って言えている。
やっぱりあの時の二つの選択は間違っていなかったようである。

アイドルも政治もエンタテインメント

大学時代に僕が下宿していたのは、京都市上京区の堀川一条から少し西へ入った所にある紙問屋。広い裏庭にある二階建て一軒家に同志社大学生ばかりが八人で住んでいた。

下宿周辺や室内設備の環境には何の不満もなかったが、唯一の難点は、大家さんである紙問屋のご主人が〝超マジメ〟な人だという事だった。

大切な息子さんをご家族からお預かりしているという理由で、下宿の門限は午後一〇時！それを過ぎると問答無用で玄関のカギが閉められ、出入りできなくなる。事前に遅くなる旨を伝えている場合でも午後一一時を過ぎると締め出しを喰らうのだ。翌朝、玄関が開くのは、朝七時。今、考えるととても信じられない状況だが、自分でも驚くくらい適当に反応しつつ、結局四年間をこの下宿で過ごした。

それともう一つの難点。これも今の時代では想像できない事だが、「家族や親戚以外の友人や知り合いは入室禁止」というのである。

当時は過激な学生運動の名残が、まだそこかしこに残っていて、訳のわからない風体の不特定多数の連中が、下宿に出入りするのを嫌がる大家さんは数多くいたのだ。

そんな下宿を根城に映画ばかり見ていても進級できるのが大学のありがたい所である。

昭和四九年(一九七四)春、無事に二回生となった訳だが、一日二四時間、映画しかなかった訳ではなく、ちゃんと必要最低限の講義には出席していたし、コンパやマージャンといった必須の娯楽にもキチンと対応していた。

下宿の住人は全部で八人だったが、当然、一年経てば卒業する人がいて新しく入ってくる人がいるわけで、下宿にも新一回生が入ってきた。その中の一人に岡山県出身のKという法学部のヤツがいた。同じ瀬戸内圏の出身であり、お互いに高松と岡山の街を割と知っているという共通点もあり、すぐに親しく話すようになった。

この彼との間で、僕の映画好きが加速するようになる最初の出来事が起こったのは、二回生の後期講義が始まった九月の頃だったと思う。

日本初の原子力船「むつ」が太平洋上で放射能洩れを起こしたり、多摩川の堤防が決壊して住宅がそのまま濁流に流されていく映像も衝撃的に伝えられていたが、僕ら学生の間では何と言っても、巨人軍の長島茂雄が引退するというニュースの方がインパクトがあった。

下宿でテレビを見ていた時、Kが入ってきて「帰来さん、この相手役募集に応募してみる気はないんかのぅ」とスポーツ新聞を片手に岡山弁で聞いてきた。

記事を見ると「山口百恵、初主演映画の相手役募集！」とあった。

実は僕の部屋には、毎週金曜日に買っていた『週刊平凡』『週刊明星』が山のように積まれていたし、壁には毎月二五日に発売されていた『月刊平凡』『月刊明星』附録のアイドルポスターがベタベタと貼られていた。

浅田美代子、アグネス・チャン、麻丘めぐみ、桜田淳子、そして山口百恵。『スクリーン』や『キネマ旬報』も本棚には並んでいて、Kはしょっちゅう僕の部屋に出入りしていたから当然、僕のアイドル好き、映画好きを知っている訳で、その意味では実に痛い所を絶妙に突いてきていた。

実はそれまで、芸能雑誌が時々募集していた「浅田美代子の歌う歌大募集！」といった企画にも歌詞を応募していたのだ。山口百恵、桜田淳子の歌う歌にももちろん参戦した。タイトルは「初恋はあじさい色」とか「ひとりぼっちのセブンティーン」とか。かなり恥ずかしい……。

その前年に「人にめざめる一四才」というキャッチフレーズでデビューした山口百恵は、他のアイドルたちとはひと味違う路線を歩んでいた。浅田美代子や桜田淳子が「可愛い初恋」「気になる先輩とデートしたい」テイストで来ているのに対して、百恵の路線はズバリ「青い性」だったのである。

「青い果実」の「あなたが望むなら　私なにをされてもいいわ」とか、「ひと夏の経験」にある「あなたに女の子の一番大切なものをあげるわ」といった歌詞を一五才の高校一年生が歌うのである！

しかもことさらに母子家庭を強調したり、横須賀での幼少時の貧窮ぶりを伝えたりと、それまでとは違う立ち位置のアイドルではあった。

そんな人気沸騰の彼女が映画に進出してくるのは当然だったが、ただそういう路線で来ているだけに「明るくて楽しい初恋物語」が似合うはずもなく、初主演作品は川端康成の「伊豆の踊子」と発表された。

「伊豆の踊子」は過去に何度も映画化されており、吉永小百合や内藤洋子も主演した定番のアイドル初出演アイテムである。

しかも、今回は物語の主人公であり語り手でもある一高生を演じる人を、一般応募で選ぶというのだ。「俺も百恵ちゃんと共演できるかも?!」と勘違いする学生が日本中に溢れた事だろう。

その記事を手にKは、「なぁ、帰来さん！　ワシと一緒に応募してみようやぁ、ええ青春の思い出になるんじゃやけぇ」としつこく迫ってくる。たまらず僕は冗談で「イヤや！　お前が落ちて、俺が通ったら気まずうなるやろ！」と言うと、彼は「何言うとるん！　心配せんでもワシらが受かる訳ないやないの！。だから応募したという思い出作りなんやて」と一歩も退かない。

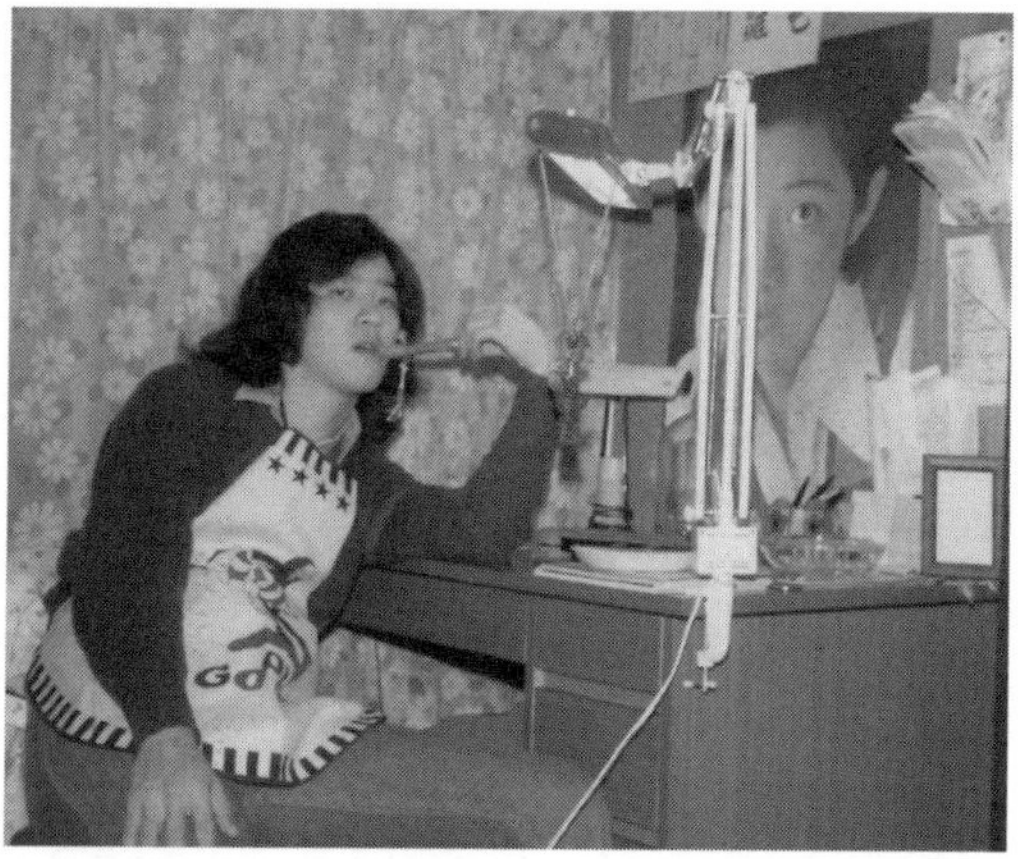
大学三回生の冬、下宿で。
山口百恵のポスターが見つめている。

結局、僕らは学生会館で写真を撮って、ホリプロだか東宝だったか忘れたが、応募書類を恥も外聞もなく送ったのだった。

Kが言ったとおり、まさにこれは青春の一ページとなった。

もちろん、僕らが選考に残るはずもなく（笑）、それから何ヶ月かたって、相手役の一高生には当時テレビでちょくちょく見かけていた三浦友和という新人に決定したというニュースが流れた。そして、一般から応募した東京大学の現役学生が、特別賞に選ばれて映画にワンシーンだけ出演するという事だった。

まぁ、要するに一般オーディションは話題作りの出来レースのひとつで、三浦友和という決定は当初からの既定路線だったという事なのだろう。それでも間違いなく当時の僕らは、夢を見ていたのかも知れないが……。

その年の暮れ、一二月末に正月映画として「伊豆の踊子」は封切られた。初日の映画館は若い世代で超満員だった。

「百恵は可愛いし、三浦くんもなかなかやるやないの」とエラソーに思いながら、映画を見ていく。そして、旅館の二階から百恵が何気なく下を見下ろすシーン。下の道を歩くマント姿の学生が一瞬、二階を見上げる。チラッと学生の顔がスクリーンに写った。そのとき、満員の場内から大きな笑い声が起こった。「コイツや〜!」

実はその素人学生の出演シーンは、事前に情報公開されていたのである。それでもこの時、満員の学生たちは「おまえ、そんだけかい〜っ!」と突っ込んでいたはずだ。

なぜなら彼はもう二度と画面に映る事はなかったのだから(笑)。そして僕はその時、「あ〜、選ばれていたら、俺も日本中の笑いものになるところだった〜!」と真剣に思ったものである。

映画はベテランの西河克巳監督の手腕で、ちゃんとした文芸作品になっており、特に、嫌々ながら酔客の相手をする百恵の悲しそうな顔のストップモーションで唐突に映画が終わりを告げるラストショットが、踊り子の哀しさを表現した場面として強く印象に残った。

その後の百恵はご存じのとおりである。

「百恵・友和」コンビは日本映画の黄金コンビとなり数々の映画に出演した。「潮騒」「絶唱」という純愛路線から、硬派サスペンス「霧の旗」。大林宣彦監督「ふりむけば愛」や藤田敏八監督「天使を誘惑」。そして引退記念作品は巨匠市川崑監督の「古都」である。

これらは単なるアイドル映画ではなく、監督と主演コンビが一体となってキッチリとした作品世界を構築しているものばかりであり、映画としての完成度は非常に高い。ただ後年の主演作は、二人とも妙に貫禄が出てきて、さすがに「初々しさと可憐さ」には欠けていた。

だから、映画の主人公である踊子と、同年代だった一五才の山口百恵の二つの個性が幸せにシンクロした初主演作「伊豆の踊子」こそが彼女のベスト作だと、今も僕は信じて疑わないのだ。

今年、令和二年(二〇二〇)で山口百恵は六一才になる。

三浦友和と結婚してさっさと芸能界を引退し、普通の主婦、母、妻、そしてキルト作家として静かに暮らしているというその潔い生き方が多くの女性ファンの共感を呼んで、今も女性週刊誌の見出しを飾ることも多い。しかし、彼女の存在感と生き方が体現する七〇年代の空気感覚をリアルタイムで知っているのは、僕らが最後の世代である事は間違いがない。

優れた映画とヒット曲の数々で彼女はファンの心にいつまでも残る。願わくば永遠にその姿をしっかりと焼き付けて封印させておいてほしい。それが二一世紀も続いていく「山口百恵神話」の本当の姿なのである。


こういういきさつで、まさに「思い出の一ページ」を一緒に作った後輩のKとは、それからもよくいろいろな話をしていたが、僕が初めて「映画でお金を稼いだ」のも、実は彼との関係の中での事だった。

三回生になっていた昭和五〇年（一九七五）の冬の事である。

広島東洋カープが球団創設二六年目にして初優勝を果たし、「赤ヘルブーム」が巻き起こっていた。パニック映画「ジョーズ」が世間を賑わし、府中の三億円事件が時効を迎えるなか、僕は相変わらず映画館と下宿と大学の「ゴールデントライアングル」を回遊していたのだが、Kが、実に真剣な表情で部屋にやってきた。

「帰来さ〜ん！　実は折り入ってお願いがあるんよ〜。どうしてもこれは帰来さんでなくてはダメなんですっ」と今にも泣きださんばかりである。

話を聞けば、法学部の彼はどうやら「政治学」の単位を落としそうだと言う。そして、担当教授に呼び出されて、救済措置としてレポートを提出すれば何とか単位を認めようと言われたらしい。で、そのレポートを僕に代筆してほしいというのが彼の「お願い」の内容だった。「俺、政治学なんて知らんがな」と突き放すと、Kはここぞとばかりに近寄ってきて、そのレポートの課題を僕に見せてきた。

「今、公開されている山本薩夫監督の映画『金環蝕』を見て、その感想を現在の政治状況とあわせて書け」……。

Kは「なっ！　これは絶対に帰来さんしかでけんレポートやと思うんよ。お願いしますっ。ちゃんと代筆料は支払うけん！」と、両手を合わせて僕を拝み倒してきた。

実は、「金環蝕」は、その直前に見てきたばかりだった。

社会派の巨匠である山本薩夫が手がけたこの映画は、ダム建設に絡む政治家たちの権力の座へのあくなき執念や権謀術数を容赦なく描き、当時の閉塞した政治状況の腐敗や堕落を追求するだけでなく、まず映画として非常によくできていた。まさに「政治アクションエンタテインメント」といった趣であったのだ。

そして、僕が最も反応したのは「代筆料」という彼の一言だった。映画の感想を書いてカネ儲け？　いや〜、ありがたや〜といった感じで、すぐにもOKしたかったが、そこは後輩の弱みにつけこんで、書くだけで一五〇〇円、レポートが「優」をとったら五〇〇〇円上積みという条件を承諾させた。

そして、その日のうちに一気に原稿用紙五枚を書き上げた僕は、最後をこう結んだ。

「政治の腐敗と堕落は今に始まったことではない。このままでいくと大きなツケを払わされるのは、間違いなく我々国民である。政治学を学ぶことで、我々が少しでも権力を監視し、腐敗を防げる事ができるのなら、それは将来の大きな財産となるに違いない」

我ながら格調高くまとめたなぁと自画自賛の僕に、Kは「帰来さんはやっぱり神様じゃのぉ！」とどこかで聞いたようなセリフを言っていた。

そして数週間後、レポートは見事に「優」を獲得し、僕は二〇〇〇円を握りしめて思わずガッツポーズをしたのだった。

戦後最大の疑獄事件と言われる「ロッキード事件」が起こったのは、それからほんの数ヶ月後の事だった。刻々と伝えられる信じられないような事態の成り行きを見ながら、僕は自分の書いたレポートの通り、「金環蝕」が事件を予見したという事になるんだろうかと思っていた。

そしてKはと言えば、政治の世界は恐ろしいと言いつつ、「それでもワシは卒業したら岡山に帰って公務員になろうと思うとるんですわ。やっぱり安定しとるけんなぁ」と言いながら、相変わらず僕の部屋で週刊誌を読んでいたものだった。

三木武夫を首相に仰ぎ、一ドルは三〇〇円。国の予算は約二一兆円、大卒初任給の平均は約八九〇〇〇円という時代から五〇年が過ぎ、時代は昭和から平成を経て令和となった。

二〇才の大学生が六五才の前期高齢者となるまでの長い年月を経ても、政治とそれを取り巻く世界は、あの頃とそんなに変わっていないように思える。

贈収賄に絡む政治家と秘書、官僚との癒着に天下り。公共工事の利権疑惑と利益誘導に選挙違反……。「金環蝕」の事件は、首相夫人が自分の名刺に書き残した言葉から発覚するという設定である。まさにどこかで聞いたような展開ではないか！。

ただ、あの頃と確実に違うのは、「金環蝕」のような骨太で批評精神に富んだ痛快な政治サスペンス映画がさっぱり作られなくなったという点である。

要するに、現実の政治世界は、もう映画の虚構性をはるかに超越して複雑怪奇な様相を呈しているという事なのだろう。現実の「政治ショー」の方が映画より面白いというのはどう考えればいいのか？

Kとは卒業以後は会う機会もなかったが、郷里の岡山で公務員になったのだろうかと、時々思う。もし、そうなら、そんな彼には今こそ「現在の政治状況について思うところをレポートに書け」と言ってやりたい。ただし、もう代筆はなしで！

これが、映画好きの僕が、初めて「映画でお金を稼いだ」最初の出来事の顛末である。

映画は見て楽しむものだとしか考えていなかった訳だが、映画を見て、その素晴らしさや面白さを表現したり、他人に伝える事も映画の楽しみ方のひとつであると気づいたのは、まさにこの事がキッカケだったかも知れないと今になって思う。

映画を見て、自分もその世界に関わりたいとオーディションに書類を送ったり、映画の素晴らしさを人に伝えたり、表現することの面白さを知ったりという二〇才の頃。

そして令和の今も、映画を通じていろいろな人たちと知り合い、世界が広がっていく。

やっぱり「映画は終生変わることのない永遠の友人」なのである。

2

2番スクリーン

あなたたちに会えて幸せです

「高倉健」という伝説

たとえば今から一〇〇年後に、日本映画の歴史を振り返る研究本が出版されたとしよう。数多くの作品や監督、俳優がそこに書かれる事だろうが、ページ数がどんなに少なくなっても、必ず掲載されるだろう俳優の一人は、間違いなく高倉健という名前だと思う。

実は、僕が彼の映画を本格的に追いかけ始めたのは大学に入ってからである。高校生になり映画に目覚めてからも、洋画が中心の映画ファンであり、邦画とは距離があったのだが、大学一回生の時に京都郊外にある名画座の京一会館で、「網走番外地」大会と称された三本立てを見てから完全にヤラレてしまったのだ。

映画の迫力とシンクロした高倉健のスマートでワイルドな魅力！　無口で無鉄砲だが義理人情に熱い一途な感情——。

ひたすら彼の映画を追いかける日々がその時から始まった。

結局、それからの数年間で、「網走番外地」「昭和残侠伝」といった彼のシリーズはほとんどの作品を見た。

オールナイト興行での「高倉健特集」に行くと、夜中で妙にテンションの上がった学生や若いサラリーマンたちが、スクリーンに向かって「健さんっ！　待ってましたっ！」と口々に歓声をあげていた。そんな多くの観客たちの中に僕もいたのである。

実はこの頃、そんな高倉健を一度だけ間近に見た事がある。

京都の繁華街のど真ん中、三条堺町にある老舗珈琲店「イノダ」で、ゼミの同級生と、雰囲気のある店内でミルクティーを飲みながらバカ話に昂じていた時の事だ。

その時、店の入口からスッと入ってきた一人の男性。黒いセーターに黒のブレザーとズボン。黒いサングラス。スラリとした身のこなしでカウンターに座ったその姿を見たとたん、僕は驚いた。「け、健さんやないか……！」――。

そう、それはまさに高倉健その人だったのである。

ありゃぁ……と絶句しながら見つめる僕たちを尻目に、健さんは間違いなくオーラを放ちつつそこにいた。そのオーラは決して人を寄せ付けない孤高のオーラではなく、明らかに周囲とは違う存在感を放っているのに、店の雰囲気に完全に同化して溶け込んでいるといったような一種不可思議なそれだった。

健さんは店員とにこやかに談笑しながらコーヒーカップを口に運んでいた。大人の男のカッコ良さとシブさに圧倒された僕たちは、ただ、ため息をついて彼の姿を見つめていた。

そんな高倉健の任侠映画全盛時代は、昭和四八年（一九七三）に終わりを告げた。

この年の正月映画は高倉健主演の「昭和残侠伝 破れ傘」だったが、その次の週に正月第二弾映画として公開された「仁義なき戦い」が、それまでの任侠映画の約束事をすべてフッ飛ばしてしまったのである。

当時の世相と言えば、狂乱物価、終末思想、石油ショックという時代である。屈辱と理不尽に耐えに耐えたあげく、義理人情と自分自身の美学のために行動する任侠ヒーローよりも、己の利益と欲望のためだけに人を裏切り、暴力に訴えるギラギラしたチンピラ群像の方に、時代は共感し始めていた。

かくいう僕もそんな観客の一人だった。健さんのファンではあったが、もう「昭和残侠伝」の花田秀次郎ではなく、「仁義なき戦い」の広能昌三の時代なんやろなぁ……としみじみ感じていたのである。

それからの彼は明らかに次の道を模索していた。

『ゴルゴ13』では、デューク東郷の無機質なクールさと虚無感は、健さんには全く似合わず、勝新太郎と共演した「無宿」では、勝新太郎の破天荒なパワーと健さんのストイックな魅力とがうまく融合したとは思えず、どちらもが空回りしている印象で残念な結果となってしまっていた。

昭和五〇年（一九七五）公開の「新幹線大爆破」では、妻子に逃げられ、会社を倒産させたダメ男である主人公、沖田を演じた。人生をやり直すために新幹線に爆弾を仕掛けて国鉄を脅迫する――。一昔前なら、新幹線を救うヒーローを演じていたであろう彼が、アンチヒーローとも言うべき、犯人役で主演する……。ちなみにこの作品で新幹線を守る側のヒーローは、指令室の宇津井健と運転士の千葉真一だった。

幸いにも作品の評価は高く、彼の演技も新境地を開いたと批評家からは賞賛されたが、興行的には大失敗という現実は、高倉健と映画ファンの間の距離感を示していたのかも知れなかった。

そして昭和五二年（一九七七）、僕は一本の映画を見た。

「幸福の黄色いハンカチ」である。正直、山田洋次監督が描く「寅さんの世界観」と「健さんの世界観」がシンクロするとは思えず、あまり期待しないで映画館に入ったのだが、その先入観が完全に覆されたのは言うまでもない。

特に、刑期を終えて刑務所を出所してきたばかりの主人公が、街の食堂で食事をするシーン。何年かぶりにビールを口にしてカツ丼とラーメンを食べるのだが、この短い場面に凝縮されているのは、主人公のシャバに帰ってきた喜びと解放感だ。丼を掻き込むその動作だけで、そういった感情を瞬時に表現する彼の演技のうまさに圧倒されてしまったものだ。

そして僕は、着流し姿にドスを持った任侠ヒーローではなく、心に深い傷を負ったまま自分の生き方を必死で探そうとするこの主人公の姿に、俳優・高倉健のナマの姿が重なってみえて仕方がなかったのである。

その年の夏に公開された「八甲田山」も国民的大ヒット作となった。耐える男、力強いリーダー。まさに健さんにピッタリの役どころである。そしてこの映画のもう一人の主役が北大路欣也。組織や上官に振り回される悲劇的な軍人を演じている。彼が絶望的状況の中でつぶやく「天は我々を見放した……!」というセリフはその年の流行語にもなったほどだ。

かつては任侠ものや実録ヤクザ路線で東映映画の看板を背負っていた高倉健と北大路欣也の二人が、東宝映画に出演して国民的大ヒットを飛ばすという事は東映ヤクザ映画を見続けているファンからすれば感慨無量だった。

この二作品が、健さんの評価や人気を国民的なものに決定づけたと言ってもいい。そして八〇年代以降の彼の活躍については、もうご存じの通りである。

山田洋次監督と再び組んだ「遙かなる山の呼び声」、大ヒット作「南極物語」、盟友である降旗康男監督とは「駅―STATION」「居酒屋兆治」、「夜叉」に「あ・うん」「鉄道員」。

それら全ての作品で圧倒的存在感を発揮しているのはもちろんだが、共通しているのはそれだけではない。愚直なまでに自分の生き方を貫き通そうとする古き良き日本人の姿がそこにはある。無骨で寡黙だが、優しくて渋い包容力を感じさせる演技力と、どの役どころも彼でなくてはならないという絶対無二の存在感がそれらを支えている。

さらに、彼の演じる男は、絶対に「お前を愛している」とか、「お前のことを必ず守る」とか、表面的な言葉はささやかない。最小の表現と行動で最大の愛情と優しさを伝えるのである。当時のCMでも、彼はこう言っているではないか！「自分、不器用なんで―」。

平成二五年（二〇一三）、文化勲章を受章。あの反逆のヒーロー、ドスを振り回していた彼が文化勲章……。時代は変わるんだなぁと感慨にふけったのは僕だけではなかったはずだ。

そして平成二六年（二〇一四）一一月一〇日、高倉健は八三才の生涯を閉じた。

新聞やテレビで報じられる追悼記事や特集記事を読んではいたが、やはり僕は、とにかく彼の主演映画を見る事に努めた。

「網走番外地」「昭和残侠伝」「冬の華」「動乱」……。偉大な俳優が人生の舞台から退場する時にファンのできる事は、彼の作品を愛し続ける事だけなのではないかと思うからだ。

　そんな作品群を見ているうちに僕は、任侠映画の時代から遺作の「あなたへ」に至るまでの五〇数年間、俳優・高倉健の演じるヒーロー像にいささかのブレもない事に改めて気づいた。ブレていたのは、時流に惑わされ、流されていた僕らファンの方だったのである。

　その意味では、決して変質しない永劫普遍のヒーローを演じ続けた高倉健という俳優の存在そのものが、日本映画の伝説と言えるのかもしれないと思う。

　そして僕は、あの一八才の時に喫茶店で声をかけられなかったいささかの後悔を含みながら、スクリーンの中の健さんの姿に、今も声をかけるのである。

　――「待ってました！　健さんっ！」

わかっちゃいるけどお呼びでない？

男の子が幼児から少年になっていく最初の課程、小学生時代に憧れるスターとか有名人といえば誰になるのだろうか？

昭和三〇年（一九五五）生まれの僕ら世代は、長嶋・王に象徴される「巨人・大鵬・卵焼き」世代とか言われたものだが、少なくとも僕はそうではなかった。

僕の小学生時代のヒーロー、それは「植木等」なのである！

一九六〇年代に悪ガキ小学生時代を過ごした僕にとって、植木等の名前は永遠に不滅だ。彼は七〇年代のドリフターズや八〇年代のお笑いブーム、そして今の芸人たちとは比べものにならないインパクトを携えて僕らの前に現れた。

洗練された音楽演奏テクニックと体を張ったハチャメチャなドタバタ。至って真剣に演じるほど爆笑を誘う「お呼びでない？」などのギャグの数々。テレビのどのチャンネルをひねっても、植木等は大口を開けてガッハッハと笑いながら全力で突っ走っていたのだ。

これは母から聞いた話だが、小学校一年生の時に始まったバラエティ番組「シャボン玉ホリデー」で大笑いしていた僕が、番組が終わったとたん、心配そうな顔をして母にこう聞いたそうだ。「な～、植木等、来週も出るん？」——母が笑いながら「毎週出るから心配せんでええよ」と言うと、実に嬉しそうな顔をしてバンザイしたとか(笑)。

そして、白黒テレビで我慢できなくなると、親にネダって、カラー、大型スクリーンでハジケまくる彼の勇姿を拝みに高松東宝の映画館へ！

植木等の映画は今もしょっちゅうBSやCSで放送されているし、僕もDVDやブルーレイを持っているので、一年間に何回かは見て楽しんでいるが、製作から半世紀以上が過ぎてなお、植木等演じる主人公のテンションとパワー、画面からほとばしり出てくる心地よいリズムがまったく古びていない事に気づいて驚いてしまう。

おススメの一本というと、やっぱり昭和三七年(一九六二)公開の「ニッポン無責任時代」に決まりである。

この作品の主人公は、それまでのサラリーマン像をブッ壊して「調子が良くてゴマスリ・上にはへつらい下にはエラソー・イヤな性格なのにどんどん出世してしまうヤツ」である。バーカウンターでたまたま隣に座ったまったく知らない客に取り入ってタダ酒を飲んだり、屋上への階段を上がっていく途中、上でバレーボールをしている同僚がとり損ねたボールを拾うと、口笛を吹きながら知らん顔してそのボールを下へ放り投げてしまったり、とにかく常識外れも甚だしい人物なのだ。

そのいい加減な性格は、劇中で彼が歌う挿入歌の歌詞にもあらわれている。「銭のないヤツぁ、俺んとこへ来い！　俺もないけど心配するな！」……。今、考えてみても大したキャラクターである事は間違いない。

昭和三〇年代、「勤勉・実直・誠実」が日本人の美しさであった頃に、そのアンチテーゼとして「無責任・いい加減・調子良さ」が売り物のアンチヒーローに当時の人々は「あんなヤツ、おらんやろ～！」と言いつつ、拍手喝采を送っていたのである。

実は植木等は、僕の父と同学年である。父も映画を見た後は必ず僕に「あんな男がホントにいる訳ないからこそ面白い！」と大笑いしていたのを覚えている。

僕も映画を見た小学生時代は「こんなヤツいる訳がないよな～」と純粋に思っていたのだが、大人になって社会人になってみると、子供時代にはとてもいないと思っていたような連中が、かなり周囲にもいる事にも気づく訳で……（笑）。

ただ、五〇年前にこんなヒーローがいたという事は特筆すべき事なのではないか⁉

この作品を監督した古沢憲吾は、とにかく六〇年代の高度経済成長時代を反映するかのように多少の矛盾はほったらかしにして、ひたすらイキオイと底抜けの天真爛漫さで映画を作っていく事に注力しているようだ。

当時、すでに三〇代中盤を迎えていたうえに元々が真面目人間だった植木等が、「この役のつかみどころがわからない」と悩みに悩んで古沢監督に相談したところ、監督は「この男は何も考えていない。だから、君も何も考えずにただブワーッと走っていればいいんだ」と言ったとか。さらにその走り方も「単に勢いよく走るだけではダメ！　両手両足を高く上げて飛びはねながら全力疾走！」という指示だったそうだ。

確かに古沢映画の植木等は、常にブワーッと前を向いて全力疾走している！

そして、年齢を重ねてからの活躍ぶりも、長年のファンにとっては嬉しい限りだった。

天使のように可愛い天才子役が、成長して大人の役者に脱皮するのが難しいのと同じように、若い時に体を張った動きや機敏性で人気を博した喜劇俳優が、体が思うように動かなくなる初老を迎えた時にどのような道を選ぶかは難しい問題である。

北野武のように世界的評価を得る映画監督となっても、いまだにテレビでパンツ一丁でギャグをやっていたり、志村けんのように七〇才で亡くなる直前までお笑い界の重鎮として、若手芸人たちからも尊敬を集めるという存在はきわめて稀なのである。

その点、植木等は見事に転身していった。

昭和六〇年（一九八五）、「撮影所でいつもすれ違うだけだったので、何とか僕の映画に出てほしかった」との熱いラブコールを受けて黒澤明監督の「乱」で戦国武将を好演。世界のクロサワの慧眼は大したものである。翌年には、これも大御所である木下恵介監督作品「新・喜びも悲しみも幾年月」に出演し、その年の映画賞を総なめにしている。

こういったいぶし銀のような彼の演技の幅や人間的魅力は、全ての原点があの、「ブワーッと突っ走るピカレスクヒーロー」にある事は間違いがない。

時代が平成に変わっても、イキオイは止まらなかった。平成二年（一九九〇）の大晦日には、二〇数年ぶりに「NHK紅白歌合戦」に出場したのである。

植木等、この時六四才！　白髪は増えたものの、当時と変わらない体型でニコニコと笑顔を振りまきつつ、気持ち良さそうにステージを右から左へ走り回り、颯爽と「スーダラ節」を歌い踊る彼の姿は感動的ですらあった。そんな彼に、僕が、遙か遠いあのスーダラッタな少年の日々を懐かしく思い出していた事は言うまでもない。

平成五年（一九九三）にハナ肇が亡くなり、石橋エータロー、安田伸とクレージーキャッツのメンバーが次々といなくなっていくなか、平成一九年（二〇〇七）三月に、植木等は八〇才でこの世を去った。

あれからもう一三年という月日が流れ去り、時代は令和へ。あのイケイケだった時代は遠い遠い夢のように霞んでしまっている。しかし、彼が残した数々の映画は、時代を超えて今も衰える事なくパワーを放ち続けている。

今の時代、政治の世界や企業の世界を見るといい。見回せば「無責任・いい加減・自分だけがよければいい」人間のオンパレードではないか！　こんな時代に植木等型ヒーローはあまりに生々しすぎるのは確かである。

そう考えると、植木等が演じ続けた映画の主人公たち、平均、初等、中等（これ、全部映画の役の名前。順番に「たいら ひとし」・「はじめ ひとし」・「なか ひとし」と読むんです）といったヒーローたちはもう二度とスクリーンには現れないのではないかとも思う。彼らはまさしく、あの時代が産んだあの時代のヒーローでしかなかったのだろうか？

いや、決してそうではない！　人生とはまさに「スーダラ節」の歌詞にあるとおり「わかっちゃいるけどやめられない」人々が築きあげていくものである。そしてそんな人々は人生のどこかのページで、植木等型ヒーローを求めているのではないか。

だからこそ、日本映画史に残る破天荒な主人公は、それを創造した植木等の名前とともに、永遠に色褪せる事はないのである。

そして、そんな事を考えていると、今日もどこからか僕の耳にあの懐かしいメロディが聞こえてくるような気がするのだ。

――スイスイスーダララッタ　スラスラスイスイスイ……。

マイ・フェア・オードリー

星の数ほどいるハリウッドの女優たちのなかで、日本人にも人気のある女優といえば、誰の名前が浮かぶだろうか？　アンジェリーナ・ジョリー、シャーリーズ・セロン、スカーレット・ヨハンソン……。まぁ、いろいろな名前が出てくる事は間違いがないところだ。

しかし、亡くなってからもう三〇年近くが経とうとしているにもかかわらず、いまだに日本人の心に強い印象を残すスターがいる。――オードリー・ヘプバーンである。

平成五年（一九九三）に六三才で亡くなってからも、彼女の人気は衰えるどころか、今も新しいファンを増やしている。映画雑誌『キネマ旬報』が平成二七年（二〇一五）に創刊九五周年企画として発表した「外国女優オールタイムベストテン」では堂々の第一位！。

女性向けのファッション雑誌では「オードリーに学ぶ」などという特集記事が組まれ、さらに化粧品から自動車に至る各種コマーシャルのイメージキャラクターとしても何度も登場している。また、「ヘプバーン展」といって彼女の衣装や写真を展示する催し物は、開催するたびに多くの人を集めているという人気ぶりである。NHKの朝ドラでも映画界でヒロインが活躍するそのものズバリの「オードリー」があるし、人気お笑いコンビの「オードリー」は所属事務所の社長が彼女のファンだという話らしい。

なぜ、日本人はオードリー・ヘプバーンが好きなのか？

日本で初めて公開されたオードリーの映画が「ローマの休日」だ。可憐で可愛くてちょっと気の強いヒロイン、アン王女に日本人は心を射抜かれたのである。

それまでの肉感的、グラマラスなハリウッド女優たちとは正反対のスレンダーなスタイル、日本人好みの清楚な顔立ちに大きな瞳。妖艶ではなく清冽で謙虚な立ち居振る舞い。日本人の好きな要素がすべて詰まっているといっても過言ではないのだ。

そして！　実は何を隠そう、僕は彼女の大ファンなのである。

小学校六年生の頃だったと思う。たまたまテレビで放送していた洋画を見ていた僕は、清楚でキリッとした美貌を持つ主演女優に見とれていた。身を乗り出して見たその甘く切ないラブストーリーこそが「ローマの休日」だった。これが僕とオードリー・ヘプバーンとの初めての出会いだった。まぁ、かなりマセたガキだったようである。

ちょうどその頃は、映画にのめり込み始めた時期であり、映画雑誌『スクリーン』を毎月読んでいたのだが、ヘプバーンのグラビアや記事が掲載されない月はなかったのではないか。そしてある特集号で、ファンの人気投票でも常に上位を占める彼女の年齢を知った時に、僕は思わずのけぞってしまった。いつも口うるさく叱るばかりの我が母親と同い年だったのである！　それでも「スクリーンの妖精」と言われる彼女の追っかけをやめようとは思わなかったが……。

その直後に、初めてスクリーンで見た彼女の作品が「いつも二人で」である。

結婚して数年がたち、倦怠期を迎えてお互いの感情がすれ違い始めた若い夫婦を描いた物語だ。ヘンリー・マンシーニのシャレた音楽と美しい南フランスの風景、劇中で数十回も衣装を替えるまさに妖精のような彼女の愛らしさ。

「あ〜、あんな女の子とあんなキレイな場所でデートしたいの〜」と思春期の少年は夢見心地だったという訳だ。その時には、「あんたの母ちゃんと同い年なんやで！」という影の声は聞こえていなかったようである。

結局、高校から大学時代を経て社会人になっていく年月の中で彼女の出演作品は全てを見た事になる。名画座で、ロードショーで、テレビで、そしてレンタルビデオで……。

恋を知らないウブな女の子を演じた「昼下がりの情事」。学生時代には、彼女の気持ちに寄り添うように見ていたのだが、去年久しぶりに再見したら、完全にゲーリー・クーパーの初老オヤジの方に感情移入してしまった。当たり前ではあるが。

「ティファニーで朝食を」も大好きな作品である。劇中で彼女が歌う「ムーン・リバー」は二〇世紀のスタンダードナンバーとなっているが、彼女のナマの声で聞けるのは映画だけである。またこの声が可愛い！

実はこの映画はトルーマン・カポーティが書いた小説が原作となっているのだが、原作では彼女の恋は結ばれないままに終わるのだ。ところが映画ではハッピーエンドに替えられている。映画の製作者は、彼女の可憐なヒロインの魅力に負けてラストを書き換えたとしか僕には思えない。

「暗くなるまで待って」は殺人犯に追い詰められる盲目の人妻を演じて迫真の出来だった。これは母と一緒に見に行ったのだが、僕が面白さにひたって映画館を出た途端、母が「あの人、私と同い年なんやてな～！」と言ったので、いきなり現実に引き戻されてガックリ来た事を覚えている。

しかし、彼女の主演作の中でこの一本と言われると、何をさておいても「マイ・フェア・レディ」にトドメを指す。それはこの映画が、僕の思春期の甘酸っぱい思い出とシンクロしているからである。


昭和四五年（一九七〇）、高校一年生だった僕は恋に落ちていた。

高松高校に進学していた中学の同級生が、その恋の対象だったが、まだ積極的に行動を起こすという段階ではなく、遠くからその姿を見てはため息をつくばかりだったのである。初恋とはそういうものなんです！

そういう実に微妙な時期に、「マイ・フェア・レディ」を見た。

初恋に何の進展もなく、相手は僕がこんなに思っているという事すら知らないという情けない状況の中、映画のラストで結ばれるヒギンズ教授とイライザを見た時に、泣けて泣けて仕方がない僕がいた。

イライザが帰ってきてくれた事が嬉しくて椅子から飛び上がりたいはずなのに、教授はその気持ちを隠し、男の見栄を張ってエラソーに彼女に向かってこう言うのだ。「君、僕のスリッパを持ってきてくれたまえ」――。このシーンとともにエンドマークが出て映画は終わる。映画館を出て僕はこうつぶやいたものだ。「現実は厳しいよな〜。俺の初恋は迷走中だ〜！」

そして家に帰ると、映画のサウンドトラック盤をかけた。一番のお気に入りは、劇中、イライザに一目惚れした青年貴族フレディが、彼女の家の前で思いのたけを歌い上げる「君住む街角」だ。もちろん、僕も一緒に大声で歌うのである。

初恋に悩んだあの時から五〇年が過ぎ去った今でも、思い出の中に「マイ・フェア・レディ」で歌い踊るオードリーの姿がある。映画を見て曲を聴くと、その頃の自分の悶々とした悪戦苦闘の日々を思い出して涙が出るほど懐かしい。

オードリーも、晩年はユニセフなどの支援活動が中心になり、映画出演はほとんどなくなっていたが、それでも「日本人が一番愛したハリウッド女優」という称号が揺らぐ事はなかった。遺作はスティーブン・スピルバーグ監督作品「オールウェイズ」である。天国に来た主人公をやさしく導く天使ハップという役どころをエレガントに演じていたのが印象深い。


亡くなってから二七年。僕は、今も年に一度は彼女に会うために「マイ・フェア・レディ」のブルーレイを見ながら楽曲を歌うオヤジとなった。

深夜、ホロ酔い気分で「君住む街角」を歌う六五才の僕の傍らには、可愛くてお茶目なイライザがいる。もちろん、初恋に悩んだ一五才の僕もその間にちょこんと座って一緒に歌っている事は言うまでもない。

この間、近所にある書店の映画本コーナーに寄ってみると、驚いた事に、オードリーの関連本が新刊コーナーに四冊も平積みされていた。ファッション、評伝、女性の生き方、美の女神……。まだまだオードリーの人気は根強いのである。

オードリー・ヘプバーン――。彼女がこの世から姿を消しても、彼女が演じた可憐で愛らしいヒロインたちはスクリーンの中で永遠に輝き続けていく。

これを奇跡と言わずに何というのだろう！

キューブリックとの長い旅

同志社大学商学部の一回生となり、何か面白そうなサークル活動はないかと思案しつつ学内をブラブラしていたら、「新入生歓迎！」の立て看板が目に入った。「ＳＦ研究会」と書いてある。なるほど！　と思わず大きくうなずいた。実は中学生の時に初めて『ＳＦマガジン』を読み始めてから大好きなジャンルだったのだ。

数多く見てきた映画にもＳＦ要素は欠かせないものだし、そう言えば、僕が大ファンである筒井康隆は同志社大学のＯＢだったなぁと思い出した事もあって、ちょっと考えてみようかと立ち止まってみた時だった。

教室の中から一人の学生が出てきた。長髪にジーパン、サファリジャケットという当時の学

生の典型的スタイルで、僕の方を見るなりこう言った。「どうですか！　SF研究会。OBの筒井康隆さんも来たりしますよ！　とりあえず中へどうぞ！」——。筒井康隆も来る？　という一言と、その学生の勢いに惑わされて教室に入って見る事にした。

　室内では四、五人の学生が、僕たちが入室したのも気づかないらしく、まさに口角泡を飛ばして、激しく議論を戦わせている最中だった。

　一人が「あれは現実からの逃避指向の最たるもので、いわば超現実という思考を概念的に視覚化して、どうたらこうたら」と言うと、もう一人が遮るように「いや、単に麻薬かLSDでフラフラになった脳内で感じたイメージを脈絡もなく羅列しただけでどうのこうの」とかしゃべっている。何をテーマに高尚な討議をしているのかと思ったが、しばらく聞いていてそれがわかった。

　僕が、たまたまその直前に見た一本の映画がテーマだったのである。それからも彼らの議論を聞いていたのだが、段々と彼らがケンカ腰になってきて、何だか険悪な雰囲気になってきたようだった。

　と同時に、僕は「あの映画の価値観を人に押し付けようとするヤツはアホや！　あれは見た人それぞれが違った捉え方をするのが正解なんと違うんかなぁ」と思っていた。そんな経緯もあり、結局、「SF研究会」も面倒くさそうだという理由で入会しなかった。

その議論のテーマとなっていた映画こそが、今もSF映画史上最高の一本と言われる「2001年宇宙の旅」である。

この論争を眼にした日の夜、僕は下宿に帰って、隣の部屋に住んでいた文学部哲学科の先輩に事の顛末を話した。すると先輩は、難しそうな顔で腕を組んでこう言った。「あの映画なぁ～。俺は五年前の封切りで見たぞ。とにかくな、なんか、凄いもんだったということっちゃ！　俺もようわからんけど！」——僕らは顔を見合わせると、大声で笑いあった。

SF研究会の議論も、先輩の一言も昭和四八年(一九七三)の事である。映画の舞台となる二一世紀は、まだまだ遥か先の話だった。

それから後に社会人となってから、同じ会社で働く女の子を誘ってこの映画に行った事がある。久しぶりにスクリーンで見ていろいろな感慨が沸き上がってきたのだが、彼女は映画館を出るなり、僕にこう言った。「『スター・ウォーズ』みたいなんかと思ってた！　最後の方、居眠りしてて眼が覚めたら画面も光の洪水でびっくりしたわ！」……。彼女は、後に僕の妻となる訳だが、ずっと後になってもこの映画の話が出るたびに「あの訳のわからん映画」と言っていたものだ。

あれから何度もこの映画を見たのに、今でも僕は「モノリス」の意味がよくわからないでいる。ただ、半世紀を過ぎてなお、古さを感じさせない未来ツールのデザインやSFXシーンの素晴らしさと、見るたびに人間の英知とか進化、文明の盛衰といったものにまで考えを巡らせてしまう映像表現の奥深さに圧倒されてしまうだけなのである。

つまり、この映画は理屈でわかろうとするものではなく、映像そのものを体験することで、自分が感じ取る事のできる感覚や思考に身を委ねていれば、それが正解だと言うことなのではないだろうかと思う。

この映画史に残る一本を作り上げたのがスタンリー・キューブリックである。

「完全主義者」とか「偏執狂」とまで言われる彼の演出スタイルは、俳優やスタッフにもかなりのストレスをかける一方で、完成した作品には駄作がなく、どれもが、そのジャンルのエポックメイキングな作品となっている事は驚くべき事である。

「2001年宇宙の旅」以降の作品群を並べてみると、その多様性と話題性に加えて、質の高さに改めて驚かされる。

「時計じかけのオレンジ」は近未来における暴力と人間性の関係を衝撃的に描いている。高校時代に初めて見た時でも、映画に登場する少年たちの行動にはまったく共感できなかったが、昨年、久しぶりにスクリーンで見てみると、粋がって無軌道を繰り返した少年たちも最終的には、国家権力が行う「洗脳」という暴力の前では無力だというラストシーンには一抹の同情さえ覚えた。これも自分が年を重ねたせいなのだろうか？

昭和五五年（一九八〇）に公開された「シャイニング」は、モダンホラー映画としては僕の一番好きな一本だ。

豪雪に閉じ込められた巨大ホテルの中で暮らす三人家族にふりかかる恐怖を描いて、今見てもゾッとさせてくれる。ただ、原作のスティーブン・キングが「私の小説の映画化作品としては最も失敗した作品」とコキ降ろしているのは笑える。

さらに「フルメタル・ジャケット」も、ベトナム戦争を描いた映画というと必ず引き合いに出される傑作である。

前半と後半が完全に分離された構成で、評価が高いのは前半部分、ごく普通のアメリカ青年たちが、徐々に殺人マシーンたる海兵隊員に変貌していく過程を描くシークェンスである。

後半も特徴的で、それまでベトナム戦争映画といえば、決まってジャングルと田園地帯が舞台だったのに対して、ビルや商店が建ち並ぶ市街戦を描いている。この点もいかにも反骨のキューブリックらしいと思ったものだ。

そして、そんな彼の遺作となったのが「アイズ・ワイド・シャット」である。

テーマは「夫婦の性とエロス」。しかも主演はトム・クルーズとニコール・キッドマンという当代一の人気カップル！　ニコールのオールヌードシーンや、トムが一言のセリフに何百回もダメを出されたとか撮影中から話題沸騰の一本だった。

長年、キューブリック作品を追いかけてきた僕も、当然ながら不安と期待半ばで公開を心待ちにしていたのだが、彼の訃報が飛び込んできたのは平成一一年（一九九九）三月の事だった。関係者のみの初号試写が行われた四日後に急死したというのだから、とにかく驚いた。

その年の七月に日本で封切りされた「アイズ・ワイド・シャット」は賛否両論だったように覚えている。初号試写からかなり編集に時間をかけるのがいつもの彼のやり方だから、この映画は未完成であってその本質は未知数であるとか、いや、これはこれで典型的なキューブリック哲学が溢れていて素晴らしいとか……。

そんな評論家や映画ファンたちの話を聞きながら僕は、大学生時代にSF研究会の連中が繰り広げていた「２００１年宇宙の旅」論争を懐かしく思い出していたものだ。

死因は心臓マヒと言われてはいるが、未だに正式な発表がないというのも彼らしいミステリアスさではある。

その死はまるで、彼の名声を一気に高めた「２００１年宇宙の旅」で自分が創造した物語の舞台である二一世紀を〝現実〟として見る事を拒んだようにしか僕には思えない。二〇世紀の終わりに突然この世を去ったのも、そう考えるといかにも彼らしい人生の貫き方ではないか。

でもひょっとすると映画に出てきたスター・チャイルドに生まれ変わって、はるか異次元の彼方から、僕ら人類の運命をシニカルな眼で見つめ続けているのかも知れないとも思う。

キューブリックと、彼の遺した作品を愛する僕らファンとの旅はまだまだ続くのである。

わが心の松田優作

昭和四八年（一九七三）、大学一回生の時、毎週金曜日になると僕の四畳半下宿は、隣の部屋の先輩や、近くに住む友人たちで溢れかえっていた。

当時の大学生の下宿と言えば、四畳半・風呂なし・共同トイレに共同キッチン。エアコンもなければ電話もなし……というのが定番だったのだが、僕の部屋には、ちょっとみんなが喜ぶようなアイテムが一つだけあった。――カラーテレビである。

白黒テレビとカラーテレビの世帯所有率が逆転したのがこの年だったが、下宿学生でカラーテレビというのはまだまだ珍しい風景だったのである。そんな訳もあり、普段は自分たちの部屋で何かゴゾゴゾしている住人たちも、面白そうなテレビ番組がある日は、必ず僕の部屋に「帰来よ〜。テレビ見せてや〜！」とやってきていたのだった。

そんな中でも、金曜日の夜は何人もが必ず夕方から集まってきた。「太陽にほえろ！」を見るためである！

この年、七月一三日の放送で、ショーケン演じるところのマカロニ刑事が殉職したのだが、この日は、誰かよく知らない友だちの友だちも含めて、一〇人ぐらいが狭い四畳半で押し合いへしあいしながら見た記憶がある。

そして、その翌週。マカロニ刑事の後任として、さっそうと新人刑事が登場した。白のジャケットとジーパンに包まれた長い手足。決して美男子ではないのだが、ワイルドでナイーブな雰囲気を醸し出す長身の男――。これが松田優作だった。

しなやかな肉体と圧倒的な存在感は、凄まじいまでのインパクトがあった。そして、その時から僕にとって優作は一番のヒーローとなったのだった。

実は恥を忍んで告白すると、当時一八才の僕はヤセてててヒョロ高くて、身長は優作と同じ一八四センチで、体重は彼の六五キロに対して六八キロという、ほぼサイズ感が一緒だったのである！（あくまでも一八才当時ですよ！　念のため）

大都会を豹のように疾駆する彼の勇姿に自分自身を重ねて陶酔していたのだが、サイズは同じでも鍛え抜かれた肉体と日本人離れした足の長さとのギャップは如何ともし難く、画面を見るたびに大きなため息をついていたものだ。

スクリーンの中の優作は常にニヒルでカッコ良く、ヒーロー以外の何物でもなかった。劇画的なテイストを引き締まったアクションシーンで映像化して、胸がスカッとする快作となった「最も危険な遊戯」、緻密な頭脳と圧倒的凶暴性を武器に巨大企業に挑戦するダークヒーローを演じた「蘇る金狼」。テレビでは、軽快にベスパに乗って登場するユーモアに溢れた痛快作「探偵物語」に、石原裕次郎と足の長さを競った「大都会」などなど。

そして、彼が単なるアクション俳優ではなく、深みのある演技で、主人公の存在感と作品の世界観を表現できる希有な俳優である事を証明したのが「家族ゲーム」だ。

ある日突然、平和な家庭にやってきて波瀾万丈の騒動を引き起こす家庭教師を演じて、その年の演技賞を総なめにした訳だが、今でも、松尾芭蕉の「奥の細道」と聞いたら、彼の演じた吉本がたどたどしく冒頭の文章を読み上げるシーンが思い出されて笑いがこみ上げてくる。

そしてこの頃から、彼の演技への「のめり込み」がいろいろな波紋を巻き起こして行く。脚本にクレームをつけて役を降ろされる、監督とケンカした挙げ句に監督が降板し、自分で演出する、演技論を巡って共演者と殴り合いのケンカ……。

それでもファンは優作を愛した。もちろん僕もその一人だった。

元々が両親や教師に強く反抗する事もない、「言うことをよく聞く優等生的な性格」であり、ちょっとした冒険をしたり、コースを逸脱する事を怖がる小心者であり、マトモな一本道をまっすぐに歩く事が性に合ってるという、実に小市民的な性格の僕が、映画の中でハチャメチャに暴れまくり、常識を吹っ飛ばして自分のやりたい事をやりたいように実行していくヒーローに強い憧れを持つのは当然の事だった。

そんな彼が、ついにハリウッドに進出すると知ったのは、昭和も終わろうかという時だった。作品はリドリー・スコット監督の「ブラック・レイン」。主演はマイケル・ダグラスと、そして高倉健！　日本国内でロケをして、全世界のマーケットで公開するクライムアクション映画の超大作である。

平成元年（一九八九）一〇月七日、封切り日を待ちかねて高松スカラ座に駆けつけた僕は、食い入るようにスクリーンを見つめた。優作は完璧な悪役演技で、完全にマイケル・ダグラスや高倉健を喰ってしまっていた。

彼はこれで今こそ、狭い日本映画界から飛び出して、国際俳優としてより大きなステップへと羽ばたいて行くのだという事を、僕は何の疑いもなく考えていた。

しかし、その日が、僕がリアルタイムで優作映画を見た最後の日となった。

公開中の一一月七日、彼の死去のニュースが全国を駆け巡った。彼は突然、何の前触れもなく、僕らの前から永遠に姿を消してしまったのだった。その日の夜、大阪の劇場では、「ブラック・レイン」の最終回の上映が終わって幕が下りようとした時、「優作っ!」という声が観客席から上がり、大きな拍手がいつまでも鳴り止まなかったという。

映画撮影中から膀胱ガンに侵されており、血尿と痛みに耐えながらも延命治療を拒否して撮影を続けていたと知ったのはその後の事である。

彼はこうして、僕らファンの間、いや、日本映画史の中で伝説として語り継がれて行く事になった。いつまでもスクリーンの中で輝き続けてほしかったと思うのは僕だけではないだろうが、それにしても四〇才での死は、あまりにも早過ぎる。


彼が亡くなってから、今年で三〇年以上の月日が流れた。

六才と四才で父親を亡くした二人の遺児、松田龍平と松田翔太は、それぞれが個性的な俳優となり日本映画界になくてはならない存在になりつつある。

先日、何気なくラジオをかけていたら、どこかのパーソナリティーが優作について、「松田優作が亡くなって三〇年ですか。今、生きていれば彼ももう七〇才を超えてますよ。お孫さんたちを抱いて遊ぶおじいちゃんになってたかも知れませんね……」などと話しているのを耳にした。

冗談言っちゃいけない! 何を話してるんだか! こういった小市民的幸福とか、家族団らんとかいった俗世間の常識の範囲から一番離れた所にいたのが、松田優作という俳優だったはずである。もし、古希を過ぎた優作がいるのであれば、やはり革ジャンにブーツ。スリムな肢体と不適な面構えはそのままに、不良性感度抜群の「国際的演技派俳優」として名をなしているはずだと、僕は思いたい。

彼の主演映画は今でもよく家で見ているが、作品の面白さや彼の存在感は、色褪せる事なく僕を楽しませてくれる。そして、楽しんだ後にいつも僕は、早くに彼を失った残念さと悔しさに大きなため息をつくのだ。

「優作〜。あんたのいなくなった後を継ぐヤツはなかなか出てこないがな……」と。

世界一カッコいい醜男

ダジャレとかギャグを普段からそんなに口にしない僕だが、この年になっても思わず使ってしまうフレーズがひとつだけある。自分でも気づかないうちに口にしてしまうのだ。

同年代のオヤジには、「懐かしい〜！」とウケる時もあるが、若い世代にはピンと来ないのだろう。何の反応も返ってこない……。

例えば、会社で何か相談事を受けたり、判断をしなくてはいけなくなった時、またプライベートではちょっと物事を考えたり、思案に暮れてさてどうしようかと悩んでいる時。腕を組んだり顔をしかめたりしながら、「う〜ん……」と言った後に、僕は思わずこう続けてつぶやいてしまうのだ。「マンダム……」。

わかりますかね⁉　これ⁉　――そう、一九七〇年代に大ブームを巻き起こしたチャールズ・ブロンソンのコマーシャルでの決めフレーズなのである。

「マンダム」とは、男性用化粧品の商品名だ。アリゾナの砂漠でカウボーイスタイルのブロンソンが、馬から飛び降りて河に飛び込む。テンガロンハットに水を入れて頭から勢いよくかぶる。ボサボサの頭にヒゲ面。どう見ても美形ではないしわくちゃの顔をほころばせて彼は満足そうにこう言う。「うーん……、マンダム〜！」。

それまでの男性用化粧品のコマーシャルといえば、カッコいい二枚目が登場するものと相場が決まっていた。草刈正雄、福澤幸雄、団次郎といったカッコいいファッションモデルやレーサーが颯爽とヘアトニックなどを紹介していたのだった。

そんな時代にいきなりのブロンソン！　どちらかというと不細工な五〇才近いオヤジが化粧品の宣伝……。まさに逆転の発想としか言いようがない。

初めて放送されたのは昭和四五年（一九七〇）。大阪万博に人が押し寄せる反面、経済成長の余波ともいえる公害問題が深刻度を増し、藤圭子の暗くやるせない歌声がテレビから流れていた頃である。

そんな世相の中、このコマーシャルは社会現象を巻きおこすまでの大きな反響を呼んだ。

まず、主役のブロンソンの知名度を一気に上げるとともに、演出した大林宣彦をもまた、人気映像作家としての地位を確立させた。そして、バックに流れていた楽曲、ジェリー・ウォレスの「男の世界」も大ヒットしている。

さらにこれ以降、ハリウッドのスターが続々と日本企業のコマーシャルに登場する先駆けともなったし、何よりスポンサーの「丹頂化粧品」が、商品の大ヒットによって社名を「マンダム」に変更したというのが凄い。


チャールズ・ブロンソンは、こうして日本では知らぬ者のない知名度抜群の大スターとなった。しかし実は、僕は、彼の事を以前から知っていたのである。このコマーシャルの二年前、フランス映画「さらば友よ」でアラン・ドロンと共演していたブロンソンをはっきりと覚えていたのだ。

不敵な面構えにヒゲ面の謎の男は、完全に二枚目のドロンを喰ってしまうほどの存在感を見せていた。ラストで、警察に連行されていくブロンソンにドロンがタバコに火をつけるシーンのカッコ良さ！　このオッさん、えらいシブイの〜と感心した僕は、そのときから彼のファンだったのである。そして、マンダムのコマーシャルと同時期に公開された「雨の訪問者」でのブロンソンが、彼の人気をますます押し上げた事も言うまでもない。

かつてのスクリーンには、通好みの醜男がアクの強さ一杯に我々を圧倒してくれていた。

リー・マービン、アーネスト・ボーグナイン、リー・バン・クリーフ、ウォーレン・オーツ……。しかし、最近は柔らかいモノしか食べていないようなアゴの細い二枚目ばかりが画面に出てくる。本当のアクション映画には、その内容に負けないだけの強烈な〝悪役顔〟が絶対に必要なのである。そんな僕の一番のお気に入りスター、それがチャールズ・ブロンソンだったのだ。

ブロンソン人気が大ブレイクした高校一年生の時から、ヘアトニックはもちろん「マンダム」を愛用し、彼の主演作は、昭和五二年（一九七七）に公開された「特攻サンダーボルト作戦」まで、すべて封切りの映画館で見てきた。

「大脱走」は戦闘シーンのほとんどない戦争映画の傑作。去年、半世紀ぶりに大スクリーンで見て、改めてその面白さにひたったものだ。

ブロンソンの役どころは、脱出トンネル掘り名人のダニー。いかにも力強く掘り進みそうなタイプだが、実は閉所恐怖症なのだ。ちなみに、いつも一緒にいる相棒のウィリーと彼が〝特別な関係〟にあると理解できたのはずっと後の事になる。脱走した七六人中、わずかに三人しか成功しないのだが、彼はそのうちの貴重な一人である。

「バルジ大作戦」では、ドイツ軍と対峙する最前線の守備隊長だ。頼れる上官をやらせたら天下一品の彼だが、物語の前半では胸のすく活躍を見せるのに、後半は捕虜になってしまう。この映画で米軍が大苦戦したのはブロンソンを最後まで活躍させなかったからだと今でも思っている。

それに反して、「特攻大作戦」で彼の属する特殊部隊が任務に成功するのは、ラストまで彼が大暴れするからだと思う。ちなみに、全部で一二人の部隊員のうち生き残るのはブロンソンただ一人である。

人気絶頂時の昭和四六年（一九七一）、正月映画として封切られたのが「狼の挽歌」。このとき、ブロンソンブームは頂点で、上映していた高松ライオンカンは超満員だったと記憶している。

併映の「仁義」は、アラン・ドロン、イブ・モンタンというシブい配役のギャング映画だったが、ほとんどの観客がブロンソンを見に来ていたのではないかと思う。

そして「荒野の七人」。リバイバル公開されたのが昭和四六年（一九七一）の夏で、看板ポスターには主演のスティーブ・マックィーンの次にブロンソンの名前が書いてあり、「マンダム」でお馴染みの口ひげをはやした顔が大きく描かれていた。

ところが映画を見ると一目瞭然なのだが、実はこの作品のブロンソンは長髪でもなく口ひげも生えていないツルツルの顔なのである。爆発的人気にあやかった配給会社が、勝手にポスターの顔にヒゲを書き加えたのだ。だから、映画を見た僕の友人などは「ブロンソン、ヒゲがなかったのぉ。何かヘンな顔やったがな」などと言っていたものである。

その翌年の昭和四七年(一九七二)も正月映画はやっぱり彼の映画だった。「レッド・サン」である。

共演は三船敏郎とアラン・ドロン、監督はテレンス・ヤングというもの凄い組み合わせに、映画ファンは驚いたものだ。西部劇のガンプレイに三船の大殺陣という実にお得な娯楽大作だったが、一番の儲け役がブロンソンだったのは、やはりハリウッド映画だったからだろうか。

さらに、翌年の正月映画もブロンソン主演のマフィア物「バラキ」だったという事実で、当時、どれほどの人気スターだったかという事がわかろうというものだ。この映画でのブロンソンはアクションよりも心理的に深みのある演技を目指していたようだが、残念ながら、相手役がフランスの名優、リノ・ヴァンチュラだから、その存在感には逆立ちしても勝てるはずがなかった。

ただ僕にとっては、高校三年生の冬に、大好きだった女の子と一緒に見たという点で忘れられない一本ではある。

アカデミー賞や演技賞にはこれっぽっちも縁がなく、映画史に残るような作品も残さず、彼はひたすら娯楽アクション映画のスターとして、日本のファンの心に深い思い出と印象を残して平成一五年(二〇〇三)、八一年の人生に幕を下ろした。

これほどスーツやネクタイの似合わないスターはいなかった。これほどにブサイクな顔の一〇〇万ドルスターはいなかった。そして、これほど僕が好きだったアクションスターはいなかった。

チャールズ・ブロンソン——。彼に会いたくなったら、いつでもまた、あの男くさい映画の数々をじっくり見ればいい。そして六五才の僕は、今でも考え事をする時には、つい口走ってしまうのだ。

……うーん、マンダム……。

「男」の映画で人生を学ぶ

高齢になっても、精力的に活動を続けた映画監督はたくさんいる。

新藤兼人は、九九才で「一枚のハガキ」を撮っているし、市川崑は九一才で「犬神家の一族」をセルフリメイクしている。山田洋次は昨年、八八才で「男はつらいよ　お帰り寅さん」を製作した。海外でもポルトガルのマノエル・ド・オリヴェイラは、なんと一〇五才で、新作を発表している。

しかし、八〇才を過ぎたあたりから作家性がパワーアップしてきて、作る作品のどれもが高いレベルを維持し続けていくという芸当はなかなかできるものではない。

令和二年（二〇二〇）五月に九〇才を迎えたクリント・イーストウッドはその希有な例を示し続ける、まさに奇跡の存在なのだ。

僕が初めて彼を知ったのは、いわゆる「マカロニ・ウエスタン」が大ブームとなった小学生の頃だった。

それまでのハリウッド西部劇とは明らかに違うドギツいガンプレイと刺激的な物語展開、カッコいいガンマンのバックに流れる胸弾む主題歌のメロディー。まぁ、当時の小中学生の悪ガキが夢中になる要素は満載だったのである。

「荒野の用心棒」「夕陽のガンマン」と、抜群に面白かった一連の作品の主役が同じ俳優だと気づき、クリント・イーストウッドという名前は僕の憧れとなった。

次に見た彼の作品は昭和四三年（一九六八）公開の「荒鷲の要塞」である。大好きな戦争アクションで面白く見たが、この映画でのイーストウッドはほとんどデクの棒に近い。複雑な心理描写や物語を進めて行く立ち位置なのは、主演のイギリス軍人を演じたリチャード・バートンで、アメリカ陸軍から助っ人に来ているイーストウッドはあっちでマシンガン、こっちでナイフといった具合にひたすらバタバタと走り回っているだけだった。

ラストシーンで彼がバートンに、「次の作戦からはイギリス軍だけでやってくれ」と言うのにはちょっと笑えたが。

「マンハッタン無宿」や「奴らを高く吊せ！」「戦略大作戦」ももちろん見たが、シブくてカッコいいのに、今ひとつこれ！　という決め手のキャラクターに欠けるなぁとは、日本の片隅の高校生でも感じていたものだった。

そして満を持して登場したのが、昭和四七年（一九七二）封切の「ダーティ・ハリー」である。当時、同時期にポパイという名の刑事が主人公の「フレンチ・コネクション」も公開されていて、どちらの作品も人気が高く、男性向け週刊誌には「君はポパイ派か？　ハリー派か？」というような特集が組まれるほどだった。

「フレンチ・コネクション」で描かれたニューヨークでのリアリズムに徹した麻薬捜査の描写や、ジーン・ハックマン演じる所のポパイ刑事の人間くさい行動なども面白かったが、僕はやっぱりイーストウッドの方が好きだった。

問答無用で悪を追い詰めるストイックさと、一匹狼の孤高の哲学が、カッコ良く見えて仕方がなかったのである。後年、「許されざる者」で、イーストウッドとハックマンが共演した時に、ポパイとハリーや！　と感慨深くなってしまった僕であったが……。

それから約半世紀、彼の映画をひたすら追いかけてきた訳だが、監督作や主演作のフィルモグラフィを見てみると、その九割以上をすべて封切り時に映画館で見ている事に気がついた。

彼が初期の「ストイックでカッコいいヒーローを演じる二枚目スター」から、「人生の酸いも甘いも知り尽くした大人の世界を描く監督・俳優」へと変貌していく時期は、ちょうど僕自身が学生から社会人へと成長していく時期と見事にシンクロしている。

要するに、僕は「大人の男・大人の人生」というものをイーストウッドの映画から学んだと言っても過言ではないのだ。

つまり彼の作品には、現代を生きる我々にも貴重なサジェスチョンを与えてくれる要素が満載なのである。

骨太な語り口で、作品ごとのテーマが常に社会的な問題を提起している事はもちろんだが、一貫して描かれているのは生きていく事の厳しさと、人間として成長していくために必要な傷みと試練の数々であり、大きな不条理に敢然と立ち向かう不屈の精神力と行動力である。

そんなイーストウッド映画の魅力をキーワードでまとめると次のようになる。


〈男は黙って行動しろ！〉会社でもどこでも、リーダーが迷ったり場当たり的な指示を出していては目標に到達する事はできない。「今、何をやるべきか」をメンバーに指し示すのは、「率先垂範」であり「指揮官先頭」という強い意志である。

誰が何と言おうと摩擦や障害を徹底的に排除しつつ、己の目的に到達していくそのかっこ良さ！

「スペース・カウボーイ」では宇宙でのミッション遂行に向けて、「ファイアー・フォックス」

ないのである。

では敵国の新鋭戦闘機を強奪する作戦に向けて、イーストウッドの行動力はとどまる所を知らないのである。

〈男は自分の人生に責任を持て！〉無法な殺人者だった過去を清算し、自らの人生と向き合う事になる「許されざる者」の老ガンマン。

また、手塩にかけて育てた女性ボクサーの人生の重さを自分のものとして受け入れようとする「ミリオンダラー・ベイビー」のトレーナー。あるいは、ふと出会っただけの女性との数日間の思い出と共に残りの人生を生きようとする「マディソン郡の橋」のカメラマン。

彼らから学ぶこと、それは男は自分の人生の成功や失敗を他人のせいにしてはいけないという事だ。すべて自分自身でケリをつけ、それまでの自分と向かいあわなければ、自分の存在価値はなくなるのである。

〈若い世代には背中で教えろ！〉リーダーの大きな仕事のひとつに「人材の育成」がある。自分が得た知識や経験を次の世代に引き継ぐ事は、リーダーの義務でもある。

イーストウッド映画では、しばしば若い世代との衝突が描かれる。しかしそれは、自分の生き様や体得した教訓を継承していこうとする時の産みの苦しみではないかと思う。

「グラン・トリノ」での頑固老人と移民少年との心の交流や「ハートブレイク・リッジ」で描かれる定年間近の鬼軍曹と新人隊員たちとの、まさに命を賭けた師弟関係。さらに「父親たちの星条旗」では、戦争という大きな歴史のうねりに飲み込まれた世代が、何を次の世代に伝えていくべきかを正面から描いている。

若者たちもまた、そんな男の背中を見て何かを学びつつ、大人に近づいていくのである。

八〇才を過ぎてから、イーストウッドの製作意欲はますます熱を帯びてきている。そして、その視点はアメリカという国が産んださまざまな形のヒーローたちに向けられている。決して賞賛するのでも否定するのでもなく、ただ事実とヒーローの人間性を淡々と描くその作風はブレる事がない。その物語と歴史的事実から何を学ぶかは、我々に委ねられているのだ。

八四才で「アメリカン・スナイパー」、八六才で「ハドソン川の奇跡」、翌年に「15時17分、パリ行き」、さらに「運び屋」と続いて、今年は「リチャード・ジュエル」が公開された。主人公はどれもが実在の人物たちである。

彼らが何を行って何を人々の心に残したのかをイーストウッドは静かに提示する。「そこから何を得るかを考えるのは、お前ら観客の仕事だ」と言わんばかりの姿勢である。やはりクセ者オヤジ、まだまだ眼が離せそうにない。

かつて自分が住んでいたカーメル市の市長も務めた経験があるし、作品を通じてだけでなく、あらゆる場で自分の政治的スタンスをはっきりと表明したり、とにかく元気なオヤジだ。

彼が描き続けてきた「大人の男」に少しでも近づきたい僕は、まだまだ足元にも及びそうにないのである。

さらに、三度の結婚歴があり、子供は愛人との間の隠し子も含めて全部で八人。恋人との泥沼愛憎劇に加えて、三度目の夫人の年齢は、最初の妻との間に産まれた長女と同年代という別の意味での恐るべきパワフルぶり！

いくら彼に憧れていても、こりゃとてもマネできません……。

いつまでも時をかけるオジさん

映画ファンなら、同じ映画を何度もくり返し見た経験が必ずあるはずだ。

ＤＶＤやブルーレイが当たり前の現代とは違って、好きな映画を何度も見たい時には、その映画が公開されている間に映画館に足繁く通う以外に方法はなかった時代があった。

高校二年生の時には、「小さな恋のメロディ」を七回見た。新鮮な映像感覚に彩られた初恋物語と、主演のトレーシー・ハイドにハマってしまったからである。そして、翌年の高校三年生の時には記録映画「札幌オリンピック」をのべ一四回見ている。

こちらはオリンピックというスポーツそのものより、当時「札幌の恋人」とか、「銀盤の妖精」と言われた女子フィギュアのジャネット・リンに狂ったのがその原因だ。今でも、この二本の

作品は、一年に一度は見返しているが、その都度、毎日のように映画館に通っていた自分を思い出して涙が出るほど懐かしい。

しかし！　実は僕が繰り返し見た映画が、あと一本だけある。

「札幌オリンピック」を一四回見た後に、「これからは大人になっていくし、これ以上の記録はもう出ない」と自分では思っていたのだが、あの年のあの映画が、その記録を上回る事になった。

昭和五八年（一九八三）の事である。

四月には東京ディズニーランドがオープンし、テレビでは、NHKの朝の連続ドラマ「おしん」が視聴率六〇％というウソみたいな数字をあげていた。

そして、いわゆる「校内暴力」が日常化し、卒業式や入学式に機動隊が配置されるという異常な時代かと思えば、任天堂から発売されたテレビゲーム「ファミリーコンピュータ」が爆発的にヒットするという、そんな八〇年代の中盤でもあった。

二八才の僕は、サラリーマン生活も六年目を迎えていた。

二五才の時に結婚し、子供にはまだ恵まれていなかったが、同じ会社で働く妻と共に、両親の住む実家の隣に家を借りて、ごく普通の社会人生活を送っていた。ゴルフも釣りもパチンコもせず、夜の繁華街をうろつく事もなく、ただ映画を唯一の趣味として日々を過ごしていたのである。

そんななか、あの映画とあの女優に出会ってしまったのだった。

映画とは「時をかける少女」、女優とは原田知世である。

角川春樹率いる角川映画が、薬師丸ひろ子に続く新人女優を発掘するためにオーディションを行った事は、雑誌で読んですでに知っていた。

優勝は渡辺典子で準優勝が津田ゆかり、そして審査員特別賞に選ばれたのが、当時一四才の原田知世だったという事も、情報としては頭に入っていた。一連の角川映画はとにかく面白かったし、何より元々がアイドル好きだった僕が彼女たちのデビューを心待ちにしていた事は言うまでもない。

渡辺典子はノーブルな顔立ちの正統派美少女で一七才。昭和五七年(一九八二)に真田広之と共演した「伊賀忍法帖」でデビューしていたので、次は津田ゆかりかな?　と思っていたら、何と原田知世が先に主演映画を撮るというではないか。

その時、僕はオーディションでバレエを披露したロングヘアーの少女を思い出していた。確かに笑顔は可愛いけど何か幼いよな〜というのが、最初のイメージだった。

七月一六日土曜日。高松市内町の大劇パラス劇場は大混雑だった。

学業に専念するためにしばらく女優を休業していた薬師丸ひろ子の復帰第一作「探偵物語」と、原田知世主演第一作の「時をかける少女」の二本立て。高松のような田舎町でも人気映画の初日には行列が出来るほどだった時代である。

前売券を買っていたので何とか場内にすべり込んであたりを見ると、満員の観客のほとんどが若い男！　中にチラホラと若い女の子もいたが、その熱気たるや半端なモノではなかったのである。

そして——。結論から言うと、この上映初日を始めとして、上映が終了する九月中旬までの二ヶ月の間に、僕は「時をかける少女」をのべ一九回見る事になったのだった。

ラベンダーの香りをキッカケにタイムリープする少女を主人公にした物語の切なさはもちろんの事、何をさておいても原田知世が全てだった。

主人公の女子高校生、芳山和子を演じた彼女は、当時中学三年生。何にも染まっていない純粋さと、あどけない表情の中にある芯の強さ。そしてショートカットへアと可憐な表情に初々しい仕草、そのすべてが、この映画の世界観になくてはならないものであり、儚ささえ漂わせる彼女の姿に僕は完全に打ちのめされたのである。

さらに大林宣彦監督の叙情的な演出で描かれる初恋の切なさと時の流れの残酷さも僕の心をつかんで離さなかった。

いくら映画が好きなミーハー男だったとはいえ、二八才の妻ありサラリーマンがここまでハマるとは、自分でも想像していなかった。

まず映画のパンフレットを買い、次にサウンドトラックのＬＰレコードを買う。次に発売されたあらゆる雑誌、新聞、週刊誌から「原田知世」とか「時をかける少女」関連の記事があれば全てをスクラップする。そして、週末になると映画館に駆けつけ、朝から最終回までスクリーンに没頭するのだ。当時は入替制というシステムもなく一日中映画館に座っていられたのである。

一九回の鑑賞の間に、書きためた映画感想は、大学ノートで約四〇ページ！　今、読み返すと、ただひたすら原田知世への讃美が延々と綴られていて、かなり面映ゆい。

そしてもちろん、ファンレターも書いた。イキオイで投函してしまった後、「三〇才前のオッさんがやる事じゃないな〜」とも思ったが後の祭り……。

上映が終了してからは、ひたすらサントラを聞き込み、ＶＨＳのビデオが発売されると、すぐに購入した。一四、八〇〇円という出費は、いつでも「時かけ」で彼女に会える充実感を思えば安い買い物だったのだ。

妻はさすがに完全にあきれてしまって、途中からもう何も言わなくなった。別に浮気している訳ではないし、自分の小遣いの中で勝手にやってるだけだし、文句を言われる筋合いのものではないにせよ、まぁ、少〜しは肩身の狭い思いもあったのだが……。

これが二八才の夏から秋にかけての出来事である。


さすがにその後、このひと夏のような熱気は引き潮のように去っていったのだが、今も「時をかける少女」と原田知世は、六五才を迎えた僕の「聖域」の中にある。

「時をかける少女」は、実写やアニメも含めて何度も映画化されてきた。その全てを映画館で見てきたが、やはり、大林宣彦と原田知世が産み出した一本を超える作品は出なかった。

それは自分が年齢を重ねて、青春や初恋という純粋なアイテムから遠ざかっているからでは決してなく、僕にとっては「芳山和子＝原田知世」という原点があまりにもインパクトが強くて、それ以外の世界観を容易に受けいれられないからだと思っている。

平成二〇年（二〇〇八）には、大阪のライブハウスで行われた彼女のステージにも駆けつけた。初めてナマで見る彼女は、当時すでに四〇才を過ぎていたにもかかわらず、あの頃と同じ純粋さと可憐さを漂わせて、僕の前に立っていたのだった。

そしてもちろん、彼女の出演映画やテレビドラマは全て見ている。

父親と同年代の中年商社マンに憧れる「早春物語」や、大ブームを巻きおこした「私をスキーに連れてって」あたりまでは、まだ可愛いヒロインという域を出ていなかったが、年齢を重ねてもなお、その透明感と初々しさが衰えていないというのは驚きの一言に尽きる。

戦争未亡人を主人公にした黒木和雄監督の「紙屋悦子の青春」や、横領を行う女子銀行員を演じた「紙の月」でも、そのヒロインの激しい生き様と、それとは真逆の彼女の涼やかな立ち姿とピュアな感性が見事に融合して、作品世界を盛り上げているのである。

近年は、NHKの朝ドラ「半分、青い」でヒロインの母親役を演じていたが、話題を呼んだサスペンスドラマ「あなたの番です」では、ヒロインかと思っていたら途中であっけなく死んでしまうという役どころ。

さすがに目元のシワとかは隠せないけれども、五二才になってもまだ可愛らしさとフレッシュさがなくなっていない事は、ファンとしては嬉しい驚きではある。

しかし、それでも僕は、彼女の最高傑作はやはり「時をかける少女」だと断言したい。

思春期の少女にしか発露しない純粋性と神々しさは、一五才の原田知世にしか表現し得なかった感性であり、その切なさと素晴らしさをガラスの箱に丁寧に閉じ込めたのが「時をかける少女」という作品なのである。

芳山和子は、そういう意味で永遠のヒロインであり、それを演じた一五才の原田知世もまた、永遠に輝き続けているのである。

郵 便 は が き

お手数ながら切手をお貼り下さい

522-0004

滋賀県彦根市鳥居本町655-1

サンライズ出版 行

〒

■ご住所

■お名前《ふりがな》　■年齢　歳　男・女

■お電話　■ご職業

■自費出版資料を　希望する ・ 希望しない

■図書目録の送付を　希望する ・ 希望しない

サンライズ出版では、お客様のご了解を得た上で、ご記入いただいた個人情報を、今後の出版企画の参考にさせていただくとともに、愛読者名簿に登録させていただいております。名簿は、当社の刊行物、企画、催しなどのご案内のために利用し、その他の目的では一切利用いたしません（上記業務の一部を外部に委託する場合があります）。

【個人情報の取り扱いおよび開示等に関するお問い合わせ先】
サンライズ出版 編集部　TEL.0749-22-0627

■愛読者名簿に登録してよろしいですか。　□はい　□いいえ

ご記入がないものは「いいえ」として扱わせていただきます。

愛読者カード

ご購読ありがとうございました。今後の出版企画の参考にさせていただきますので、ぜひご意見をお聞かせください。なお、お答えいただきましたデータは出版企画の資料以外には使用いたしません。

●書名

●お買い求めの書店名（所在地）

●本書をお求めになった動機に○印をお付けください。

1．書店でみて　2．広告をみて（新聞・雑誌名　　　　　　　）

3．書評をみて（新聞・雑誌名　　　　　　　）

4．新刊案内をみて　5．当社ホームページをみて

6．その他(　　　　　　　)

●本書についてのご意見・ご感想

購入申込書　小社へ直接ご注文の際ご利用ください。
お買上 2,000 円以上は送料無料です。

書名	(　　　冊)
書名	(　　　冊)
書名	(　　　冊)

今でも、年に一度は「時をかける少女」のブルーレイを見るし、松任谷由実ではなく、原田知世の歌う主題歌もクルマの中でしょっちゅう聞く。

結婚と離婚を経験し、酸いも甘いもよくわかっている中年の女性になった原田知世。何度も映画化されたにもかかわらず、未だに最高作と言われている大林宣彦版「時をかける少女」。

そして、両親と妻の四人家族だったあの頃から四〇年近くが経ち、両親と妻はいなくなったが二人の子供と二人の孫を持つ前期高齢者となった僕――。

物理的な時間はそれぞれの上に否応なく流れたが、この映画を見ている間だけ僕は、やはり原田知世とともに「時をかけている」のである。

3

3番スクリーン

映画は夢のワンダーランド

ハマちゃんはスーパーサラリーマン？

映画にもいろいろなジャンルがあるが、いわゆる「サラリーマン映画」というのはどうも日本だけのものらしい。

小学生の時に、よく両親に連れられて行ったのが、植木等主演の「ニッポン無責任時代」に始まる一連の「日本一の○○男」シリーズである。

爆発的なエネルギーと破天荒な行動力を持つ主人公があれよあれよという間に成功への階段を駆け上がっていく。この場合の「成功」とは、課長とか部長に昇進し、絶世の美女と結ばれてめでたしめでたし……というエンディングを指している。

そしてもうひとつ僕がハマったのが、森繁久弥の「社長シリーズ」だ。シリーズとしてのルーティンはだいたい決まっていてこんな感じである。

森繁は建設会社とか製造会社の社長。秘書が小林桂樹で、営業部長が三木のり平。取引先の部長がフランキー堺。大型物件の受注を目指して社長が動き出す訳だが、ここで国内有名観光地あたりへの出張が出てくる。

旅先で何とか羽根を伸ばして浮気に走ろうとする社長。それを固くいさめる秘書。「パァ〜っといきましょう！」とすぐに宴会をしたがる営業部長。取引先も巻き込んでドタバタとした挙句、社長の人柄に惚れ込んだ取引先との信頼関係が実を結んで大型受注が決定！　ラストは全員で「バンザーイ！」……。

いや〜、凄いお話である。時代はまさに昭和三九年（一九六四）、東京オリンピック前後の高度経済成長時代ド真ん中！　日本と日本人が繁栄に向かって走り始めていた頃だ。当時、小学生だった僕は、そんなお気楽な展開を大いに楽しんでいた。

ある日、映画を見終わった帰り道、一緒に連れて行ってくれた父に「僕も大きくなったらあんな会社に入れるかな？」と言うと、当時、三〇代後半の働き盛りだった父は、「まぁ、お前も大きくなってからもう一度考えてみたらどうや」と笑っていたものである。

もちろん、そんな会社が現実に存在するはずがなく、僕はごく普通の会社員となった。

昭和五二年(一九七七)四月に入社し、令和元年(二〇一九)六月に退職するまでの四二年三ヶ月。我ながらよく勤めたなぁとしか思えない。楽しかったり、充実感もあった一方で、挫折感や屈辱感も味わうなど、誰にでもあるごく普通のサラリーマン人生だった。

その間に、サラリーマンを取り巻く環境は大きく変わった。植木等や森繁久弥が活躍していた頃は、終身雇用、所得倍増、頑張ればその分だけ給料はアップし、年功により序列は上がっていく時代だった。

それから半世紀以上が過ぎた今は、もうあえて言うまでもないだろう。長期的な不況、働きがいの模索から、サービス残業、正規と非正規社員、名ばかり管理職そしてパワハラ、セクハラ……。サラリーマンたちの誇りは矜持できているのだろうか。

そんな現実の厳しさと閉塞感の中、近年は池井戸潤の小説を原作とした作品が、テレビ、映画を通じて数多く映像化されている。「七つの会議」「空飛ぶタイヤ」、テレビでは「半沢直樹」「下町ロケット」「ノーサイド・ゲーム」などなど。

これらの作品は、もちろんサラリーマンが主人公である事は間違いないのだが、彼らは全て「雄々しきヒーロー」であるという点が特徴的だ。彼らは、上司の意向や指示、周りへの忖度や配慮を吹っ飛ばして、自らの信念に基づいて正義と信義のために行動し、必ず成果を上げて成功に導く……。

そう考えればこれはある意味、「勧善懲悪のファンタジィ物語」だと言えるのではないか。なかなか現実にはこうはいかないという観客の欲求不満をカタルシスに変えてくれるヒーローサラリーマンが彼らなのである。

会社勤めの傍ら、こういった全ての作品を見てきた僕であるが、そんなサラリーマンが主人公の映画の中で一番、心を許して楽しく見られたものと言えば、これはもう間違いなく「釣りバカ日誌」シリーズにトドメを指す。

鈴木建設に勤める万年ヒラ社員であり、家族と釣りをこよなく愛するハマちゃんこと浜崎伝助。その鈴木建設の社長でありながら、釣りを通じてハマちゃんと奇妙な友情で結ばれる鈴木一之助、通称スーさん。

「釣りバカ」の面白さが、この二人の絶妙の掛け合いにある事は間違いがないが、この映画の基本は「大人のための現代のおとぎ話」に徹した、そのスタンスにあると思う。

実際の会社組織の中には絶対にいないであろう社員たちと経営層。リストラも不良債権も「働き方改革」もまったく関係がないかのような「鈴木建設」の業容。これは要するに「異次元のユートピア」なのである。

現実の仕事や生活に疲れたサラリーマンたちが、ひととき、心の疲れを癒やしに来る場所——。

それが「釣りバカ日誌」の楽しく優しい世界なのである。

ちょっと余談になるが、「釣りバカ日誌」第一作のファーストシーンは、香川県の女木島でハマちゃんが釣りをしている所から始まると言うことをご存じだろうか。

彼は女木島の港からバイクのままフェリーに乗り、高松港で降りると市内の中央通りを南下して八幡通りにある「鈴木建設四国支社高松営業所」に出勤してくるのだ。実はロケに使われたこの建物は、僕の実家のすぐそばにある。自分がしょっちゅう通っているところがハマちゃんの通勤路かと思うと、何となく嬉しくなってきたものだ。

第一作では、ハマちゃんが高松営業所から東京本店に転勤して、すったもんだがあるのだが、結局、最後にはまた高松営業所に帰って行くシーンで映画は終わる。エンドタイトルのバックは瀬戸大橋だ。だから、二作目が作られるという事を知った時、「じゃあ、二作目のアタマも女木島から始まるんだろうな」と楽しみにしていた僕は、公開された作品を見て驚いた。

二作目の冒頭、ハマちゃんは、何と東京の下町にすでに一軒家を構えていて、そこから物語が始まるのだ！　ありゃ⁉　高松に帰ってきたんじゃないの？　女木島の家は？　といろいろ考え込んでしまったのだが、結局、平成二一年（二〇〇九）にシリーズが終わるまで、「ハマちゃんの高松勤務」はなかった事になってしまったのだった……。

なぜ、こんな事になったのか？――。この答えは、シリーズ後半の作品全てを監督した朝原雄三監督から、直に聞かせていただいた。監督は高松市のご出身で、僕と同じ高松高校の卒業生。何度か一緒に食事をしたり、母校でお会いしたりと親しくお付き合いをさせていただいているご縁なのである。

実は「釣りバカ日誌」はシリーズ化する予定はなく、あくまでも一本だけという位置付けだったのである。脚本の山田洋次監督からとりあえず初稿を書いてみてと言われて、朝原監督は迷う事なく故郷を最初のとっかかりにしたらしい。

ところが予想以上にヒットしてシリーズ化が決定してしまう。そうなると高松に帰ったままだと何かと撮影上の不便が生じる。なので、ここは東京からリセットしてしまえ〜！　という事になった……というのが真相のようである。映画を作り続けるという事はとにかくいろいろと難しい！

そんな「釣りバカ日誌」は今も高い人気を誇るシリーズである。

映画は二二本をもって終了したが、未だにスペシャルドラマとして年末年始などに放送されているし、原作のコミックの連載も続いている。テレビ版の新作では、ハマちゃんを演じるのは濱田岳。そしてスーさんを演じるのは何と西田敏行である。ハマちゃんとスーさんの両方を違和感なく演じられる俳優が彼を置いて他にいるはずがない。

朝原雄三監督は松竹の社員監督であり、一緒に飲んだ時に「僕は松竹という会社のサラリーマンです。組織に縛られないハマちゃんが羨ましい時もあります」とおっしゃっていたのを聞いた事がある。やはり、ハマちゃんの生き方は万人を魅了するようだ。

会社や立身出世よりも釣りと家族を愛する浜崎伝助。でも彼は決して「釣り」だけをしている訳ではない。釣りを通じた人脈でキチンと大型契約を取ってくるし、何よりも得意先からも信頼され好かれている。

そう考えれば、彼こそが真のスーパーサラリーマンなのかも知れない。

そして、世の中のサラリーマンおじさんは、「釣りバカ」のＤＶＤを見たり、コミックやドラマに大笑いしながら、全ての現実を知った上でこうつぶやくのだ。

「あ～あ、ハマちゃんがうらやましいよ！」と。

お〜い、寅さ〜ん！

お正月とお盆は、日本と日本人にとってなくてはならない二大行事である。

かつて、その季節がやってくると、僕らに会いにくるために、必ずその姿をスクリーンで見せてくれる楽しい人がいた。

「男はつらいよ」――車寅次郎がその人だ。

このキャラクターとシリーズについては、今さら何も付け加える事がないほどの、まさに国民的映画シリーズであり、愛すべきキャラクターだろう。

第一作「男はつらいよ」の公開が昭和四四年（一九六九）で、以後「特別編」も含めて五〇作。

最新作は令和元年（二〇一九）一二月に封切られた「男はつらいよ　お帰り寅さん」である。

四九作目と五〇作目は、主演の渥美清が平成八年(一九九六)に亡くなってからの製作であるという所からも、いかにこのシリーズが高い人気を保っているかという事がわかる。

もちろん、かくいう僕も大ファンの一人で、五〇本全ての作品を映画館で見ている。これほど質の高い喜劇映画シリーズを五〇年の長きにわたって提供し続けてくれた寅さんと、産みの親の山田洋次監督には感謝しかない。

シリーズ全盛期の頃は、映画の公開は決まってお盆と正月。一年に二回だけ柴又に帰ってきて大騒ぎの後、またフラッと旅に出る寅さん——。

お盆に公開される作品は浴衣や花火、夏祭りといった風物詩に彩られているし、正月の話はおばちゃんの「寅ちゃん、今年の正月は帰ってこないのかねぇ」というセリフに始まり、ラストは間違いなく、獅子舞と凧揚げの正月風景のなか初詣客で賑わう縁日の雑踏で、威勢良く商売をする寅さんの元気な姿で幕を閉じる。

全五〇作のうち、一番のお気に入りは何といっても昭和五一年(一九七六)に公開された一七作目の「寅次郎夕焼け小焼け」である。

粋で気っ風のいい芸者を演じたのは今は亡き太地喜和子。ロケ地は兵庫県竜野市。宇野重吉扮する日本画の巨匠を寅が世話するシーンに始まる話の転がり方といい、マドンナとの掛け合いといい、抱腹絶倒の中に人生の哀歓をにじませる傑作だと思う。

あと竹下景子の「花も嵐も寅次郎」、松坂慶子の「浪花の恋の寅次郎」も必見である。とにかく寅さんの世界はロケ地、マドンナ、物語と、どの要素を切り取っても実に奥が深いのだ。平成五年（一九九三）一二月に公開された「寅次郎の縁談」は香川県内で大々的にロケが行われた一本だ。

寅さんがわが故郷にやってくる！　という事で、地元は官民挙げての受け入れ体制を整え、全面的な協力体制を敷いた。マドンナは松坂慶子。市内の栗林公園などの名所はもちろんの事、瀬戸内海に浮かぶ志々島、本島、男木島といった場所でも撮影は行われた。

なかでも大がかりな撮影となったのが高松まつりのシーンだった。本来は八月のお盆に行われる総踊りを季節外れの一一月に再現しようというのである。

有名踊り子連に声をかけ、実際に鳴り物や踊り子さんたちを総動員して撮影は行われた。たくさんの観客はロケ見物も兼ねたエキストラである。実家からすぐ近くという事もあり、もちろん僕も駆けつけて映画撮影というものを楽しみながら見物していた。

高く組まれた足場の上から山田洋次監督がメガホンで指示を出している。「そこ～！　もっと大きく動いて！　祭りを楽しんでるように見えないよっ！」と素人にも容赦がない。しばらくして、お目当ての寅さんが現場にやって来た。おばちゃんもおじさんも「寅さ～ん！　頑張って！」とか、「こっち向いて～！」とか大変な騒ぎである。

ところがこの時の渥美清の無愛想ぶりには正直驚かされた。周りの声にまったく反応しないばかりか、苦虫をかみつぶしたような暗い表情を崩さないまま、逃げるように歩いていく。さすがにおばちゃんたちも「何や～。寅さん、映画の中とは大違いや」とブツブツ文句を言っていたものだ。

実はこの撮影の時期は彼の体調が最悪の時で、体中が悲鳴を上げていた時だったと知ったのは、彼が亡くなった後の事である。

祭りのロケが行われた香川県庁前の道路を通るたびに、病んだ体に鞭を打って出演し続け、笑いをふりまかざるを得なかった彼の丸い背中を今も時々思い出す。

渥美清が亡くなってから二四年。彼の死が報じられた時、多くの日本人は俳優・渥美清の死を惜しむよりも、寅さんがもう映画の中で見られないという事の方に悲しい思いをしたのではないかと思う。

一世一代の当たり役を持つ事は俳優にとっては両刃の剣だ。その役で絶大な人気を得られるかわりに、イメージが固定化してしまい他の役を演じにくくなってしまう。

現に社会派サスペンス映画「砂の器」で、渥美清が映画館主の役で登場した時、僕の後ろに座っていたおばちゃんは「うわ、寅ちゃんが映画館のオヤジになってる」と言っていたし、「幸福の黄色いハンカチ」で高倉健を助ける警察官として画面に出た瞬間、観客席から笑い声が起こったのを覚えているぐらいである。

寅さんという国民的ヒーローを手に入れた事は、渥美清の俳優人生にとって幸せだったのか、そうではなかったのか……。しかし、そんな彼の葛藤とは裏腹に、僕たちは今もスクリーンの中で永遠に旅を続ける寅さんの姿を追い求めている。

去年の暮れに公開された五〇作目「お帰り　寅さん」はかなりの異色作である。

舞台は令和の〝今〟である。おいちゃん、おばちゃん、タコ社長、御前様は亡くなり、満男は高校生の娘を持つ小説家だ。さくらと博は穏やかな老夫婦となり、それでも「くるまや」は店を続けている。

そんななかで、かつての満男の恋人である泉が登場する場面から物語が始まっていくのだが、演じているのは当時のキャストそのまま！　倍賞千恵子、前田吟、吉岡秀隆に後藤久美子。なんと寅さんと一番相性のいいマドンナ、リリーこと浅丘ルリ子まで登場する。

現代を舞台に物語がすすんでいくなかで、時折、みんなが寅さんの事を思い出す。「あの時、おじさんはこんな事言ってたなぁ」とか「お兄ちゃんといえばこんな事があったわね」とか。ここでは寅さんが生きているかどうかの言及はない。

そして、その回想場面になると、かつての渥美清の名シーンがスクリーンに蘇るという仕掛けである。デジタル処理された旧作のシーンはどれも実に鮮明で、違和感が全く感じられないように脚本もスムーズに流れていく。

満男が寅さんを懐かしく思い出すシーンで終わるこの第五〇作を見て、大満足のはずなのに、それでも僕はどうしても、ひとつの思いにとらわれずにはいられない。

結局、この作品の中で大いに笑い、涙ぐみ、ほのぼのとした優しい気持ちにさせてくれたのは、渥美清＝寅さんの旧作シーンだったという事実である。

もちろん、現代のシーンも山田演出は冴えており、これはこれでひとつの物語として大変よくできていると思う。しかし、それでも「男はつらいよ」という映画は彼が演じた車寅次郎がいてこその作品だったという事にならざるを得ないのだろうかと思うのである。それほどに渥美清のシーンは素晴らしいのだ。


いくら時代がデジタル化しようとも、人間がアナログな存在である限り、「男はつらいよ」は時を超えて多くの人々に支持されていく事は間違いがない。

そして、二一世紀的近代都市や最先端トレンドの風景ではなく、山や川の美しい佇まいとか、懐かしい感覚の残る街角や田園風景を目にすると、僕はいつも、あの寅さんの陽気な声がどこからか聞こえてくるような気がしてならないのだ。

――いよっ！　みんな元気でやってるかい！……

怖くて不思議な世界へようこそ……

子供はどうして、オバケや幽霊、妖怪に興味があるのだろうか。僕が小学生だった一九六〇年代から令和の今に至るまで、この種のキャラクターや物語の人気が衰える事はない。

実家の近くの空き地では、春の市立祭りになると「お化け屋敷」がやってきて、たくさんの小中学生が長蛇の列を作って順番を待っていた。この時代のお化け屋敷も、現代のお化け屋敷（ホラーハウスと言うらしいが）も、基本的には「怖がらせる」というよりも「びっくりさせる」というのがお約束である。

だから、いきなり後ろから「わ～っ！」と追いかけてくるとか、天井から何か柔らかいものが落ちてくるといった仕掛けがほとんどだった。それでもそういったものをアトラクションとして受け入れながら、入場者は楽しんでいる訳だ。

要するにいろいろな仕掛けを観客自身がキチンと受け止めて楽しまなければ、エンタテインメントにはならないという事である。


映画にも「ホラー映画」というジャンルがある。数あるなかでもコアなファンを多く抱える人気ジャンルの一つで、古今東西数多くの作品が作られてきている。

かくいう僕もお気に入りのジャンルであり、小さい時からいわゆる「怖い話や不思議な話」が好きで、その種の本やテレビドラマにもたくさん触れてきた。

「四谷怪談」「牡丹灯籠」といった古典から、ドラキュラ、フランケンシュタイン、ミイラ男たちの物語、さらには「超常現象」や「怪奇現象」、「異次元」とか「UFO」などなど。

しかし、個人的な感覚で言うと、本当の意味でのホラー映画とは、人間の原初の感覚である恐怖そのものをテーマに物語を構築している映画のみをいうのではないかと思う。

怪物やゾンビが暴れ回って人間を襲うのは、一種の怪獣映画ともとれるし、異常な殺人鬼が片っ端から若い男女の首や手足をちょん切るなどという映画はスプラッター＝血しぶき映画と呼ぶべきだし、ましてや、いきなりスクリーンに血みどろの顔を大音響でワッ！　と登場させて「あ〜、びっくりした！」などというのは映画として言語道断ではないか。

本当のホラー映画とは、人間の禍々しい感情や憎悪、怨念によって呼び起こされる恐怖と非現実的世界の迷宮とによって紡ぎ出される物語でなくてはならないと思うのだ。

そういう前提に立ったうえで、今まで見てきたホラー映画の中で最高にゾッとした作品というと、これはもう日本映画では中田秀夫監督の「リング」、外国映画ではスタンリー・キューブリック監督の「シャイニング」を置いて他にない。

平成一〇年（一九九八）一月に封切られた「リング」は社会現象とも言うべき大ヒットとなった。ダークヒロインの貞子は、かつての「恨めしや〜」の四谷怪談お岩さんを越える国民的ホラーアイドル（?）として確固たる地位を築いたのである！

公開から二〇年以上が過ぎた今も貞子の人気は根強い。お笑い番組、バラエティー番組から硬派の番組まで至る所でパロディ化され、愛され（?）ている。しかし、「リング」初公開時に何の予備知識もなく、あの〝古井戸〟からのシーンを見た人は度肝を抜かれたはずである。

僕が高松東宝で見たのは封切り一週間目の週末だった。

当時、中学一年生だった長女の明日香が「面白そうなので見に行く！」と言うので、二人で並んで席に着いた。物語が進んでいくにつれて、隣の明日香がかなり緊張して画面を見つめている事に気づいた。

そして例の伝説的となった〝古井戸〟登場シーン！　映画をかなり見慣れている僕でさえ、

ギョッ！として思わず体が震え上がった。その瞬間、隣から両手が伸びてきて、僕の腕と肩をしっかりとつかんできた。横を見ると、明日香が眼を閉じたまま僕にしがみついてきていた。

それから何年かたった後でも「あれは怖かった……」と言っていたぐらいだから、よほど驚いたに違いない。

「シャイニング」は完璧主義者スタンリー・キューブリックの面目躍如といった感のある一本である。

冒頭のタイトルバックでのロングショットと不安感を増幅させる音楽に始まり、凝ったカメラワークと異様な物語の展開が秀逸な心理ホラー映画の傑作だ。吹雪に閉じ込められた山中の大ホテルを舞台に、徐々に狂っていく男とその家族の運命を濃密に描き出している。

長い長い廊下を走る子供の三輪車をひたすら追いかけるショットの不気味さ。男の書いたタイプライターの文章を初めて読んだ時の妻の表情……。

この映画を見てからしばらく経って温泉地の豪華ホテルに行った時に、広いロビーや長い廊下を見て胸の底からゾッとする感覚にとらわれたのを今でも覚えている。

つまり、ホラー映画というものは、見終わってからも後を引く「イヤーな感じ」が大きいほどよくできているという事になるのかも知れないと思う。

さて、ここからは嘘のような本当の話。信じるか信じないかはご想像にお任せしたい。

昭和四〇年（一九六五）三月、僕が小学四年生の時の話である。

仲のいい友だち数人とふざけながら歩いていた学校からの帰り道、一人の同級生が突然、南の空を指さして言った。「あれ、何や？」――。つられて視線をあげた僕は、そこにオレンジ色に明るく輝く細長い物体を見たのである。

まるで熱せられた鉄棒のようなオレンジ色をしたその飛行体は、見た目の長さは小指の先ほど。高松市の南にある紫雲山の横をゆっくりと大きく円を描いて飛行していた。

「UFOや！」「空飛ぶ円盤や！」と口々に言いながら、僕らはどうしていいものかわからずに、その場で立ち止まって空を見上げていた。長いようにも感じたが一分間ぐらいの事だったように思う。大きく円を描いていたその飛行体は、突然停止したかと思うと今度はスピードを上げて一直線に西の空へ飛び去った。「何や？　今の？」「円盤やで！」……。

あわてて家に帰って母に話したがまったく取り合ってもらえなかったし、夜になって、帰ってきた父に話しても飛行機雲の見間違いだろうとか、雲の光の加減だとか言って信じてもらえなかった。

ただ、僕は今でもあれは、間違いなく「UFO＝未確認飛行物体」だったと思っている。

実は、昭和四〇年（一九六五）三月一八日に、当時の東亜国内航空の旅客機が小豆島上空でU

FOに遭遇したという記録があるのだ。僕が見た飛行体が、これと同じものだったかどうか今では確認する術もない。

しかし、五五年前のあの日、僕は間違いなくUFOを見たのだ。


さてもうひとつ、これは昭和五〇年代の中頃、僕が社会人になってからの話である。

当時の僕はまだ独身で、両親と一緒に住む実家から会社に通勤していた。

ある日の夜、会社からの帰り道、実家近くの亀阜小学校の横を自転車で通りかかった時の事である。スーツを着た白髪の老紳士が歩いてくるのが見えた。街路灯の下ですれ違った時に「あ、S教頭先生や」と気づいた。

S先生は僕が亀阜小学校に通っていた頃にいた教頭先生で温厚な人柄がみんなから慕われていた先生だった。とっくの昔に退職されていたが自宅が小学校の近所という事もあり、よくこの辺りを散歩している姿を僕も時々見かけていたのである。

「今日は珍しくスーツ姿やな～」と思いながら先生をやり過ごした後、家に帰ったのだが、それから二日後の夜、家に電話がかかってきて母が応対した後、電話器を置いて僕にこう言った。

「今、町内会長からなんやけど、小学校の時のS教頭先生、知っとるやろ？　亡くなったんやて～。突然だったらしいわ……」

思わず、えっ……！と思った。「いつ亡くなったんかな？」と聞いた僕に母は「一昨日の朝らしいわ」と言った。

僕が先生とすれ違ったのは、一昨日の夜である。朝に亡くなった人と夜に会える訳がない。母にその話をすると、母はまったく不思議そうな素振りも見せずに「先生とよう似た人だったんやろ」とだけ言ったのを覚えている。

普通に考えれば、「他人の空似」という事だろう。人違いと考えるのが普通なのかも知れない。しかし、あの夜に僕が会ったのは間違いなくS先生ではなかったのかと今も思う。人生に別れを告げた時に、自分が長い間心を寄せていた職場である小学校の周りを、キチンとスーツを着て歩きながら名残を惜しんでいた……という事ではないのだろうか？

閑話休題。

今から何年か前、ホラー映画談義を映画仲間としていた時の事である。

一人が「しかし、霊みたいなのがホントに見えたらコワイやろなぁ」と言うと、それまでみんなの話を笑いながら聞いていた女の子が「わたし、見えるよ――」と微笑みながらつぶやいた。彼女の話によると、特定の場所にいる地縛霊とか浮遊霊の姿がしょっちゅう見えているらしいのだ。

「別に悪さをする訳じゃないから気にしなくてもいいのよ」という彼女は、その当時、僕らがよく通っていたある映画館の名前を上げて、「あそこの一階の前から二番目の座席には、映画館が出来るずぅっと昔に、あの場所で死んだ少年の霊がよく座ってるわね」と事もなげに言った。

この話をする直前に、その映画館の一階で映画を見てきたばかりだった僕は、その瞬間、今まで話に出てきたどのホラー映画を見た時よりも、背筋が冷たくなっていくのを感じていた。

元・宇宙少年の果てしない夢

歴史的な事件や出来事が記録された日は、いつも体調を崩していたような気がする。

高校二年生の冬に起こった連合赤軍「あさま山荘」事件の時もそうだったし、それに先立つこと二年半前の中学三年生の夏休み直前、あの暑い日もそうだった。

昭和四四年（一九六九）、日本のGNPが前年比一九％の増加を記録し、初めて五〇兆円の大台を突破、これにより西ドイツを抜いて自由世界第二位になったと発表された。まさに自他共に認める経済大国となった訳である。

紫雲中学校三年生の僕は、生まれて初めての「入学試験」に挑戦する年を迎えていたが、とりあえず一学期は無難に過ごしたので、まぁ、夏休みもぼちぼち行こうか……などと考えながら七月を迎えていたのだ。

当時の紫雲中学校には、高松市内の中学校で唯一の五〇メートルプールがあり、水泳授業では広々としたプールで楽しんでいたのだが、その日、プールから上がって教室に帰った僕は、どうも体調がいつもと違うのに気がついた。寒気がして体がゾクゾクするのだ。おまけに顔が火照ってきて熱が出てきたらしく頭がボーッとしてきた。

「早退けして帰ろうか……」と思っていた時、担任の先生が勢いよく教室に入ってきてこう言った。「さぁ！　今からは歴史的な時間やぞ！　みんなが大人になってもこの日だけは絶対に忘れるなよ！」

先生はそう言って、教室にあるテレビのスイッチを入れると自分も一番前に座ってブラウン管を見つめ始めた。

熱っぽくフラフラする頭を支えながら、ボヤ〜っとした眼をこらして白黒のテレビ画面を見ると、薄暗い光と影の陰影の中に何かしら動くものが映っていた。その人の形をした影がゴソゴソ動いたと思うと何やら英語が聞こえてきた。

同時に、日本語の通訳がしゃべり出した。「この一歩は小さな一歩だが、人類にとっては大きな一歩である……」

昭和四四年（一九六九）七月二一日の正午前、ついに人類は月面に降り立ったのだった。

結局、僕は翌日から家で寝込んでしまったのだが、このアポロ一一号の月面着陸は、当時の宇宙大好き少年たちに、大きな夢と大宇宙への憧れを強烈に植え付けた劇的な出来事だったのである。

実はご多分に洩れず、小さい時から「宇宙」とか「ロケット・飛行機」というジャンルが大好きだったので、宇宙開拓史におけるエポックメイキングな出来事は全て覚えている。

昭和三六年（一九六一）四月のガガーリンによる人類初の有人宇宙飛行や翌年のジョン・グレンによるフレンドシップ七号での地球周回飛行。小学一年生だった僕は、その都度、あまり深い意味もわからずに友だちと「地球は青かった」とか「じょんぐれん」と言っていた記憶がある。

人類初の宇宙遊泳、宇宙船同士のドッキングも小学生時代の事。また、買ったプラモデルに初めてカラーリングをして、一人で悦に入っていたのもジェミニ宇宙船のスケールモデルだった。

昭和四二年（一九六七）、中学一年生の時にアポロ計画がスタート。当時の少年誌や週刊誌はアポロが飛行するたびに特集を組んで、やがてやって来る月旅行への興味を煽っていたのである。そして、アポロ八号が昭和四三年（一九六八）一二月に月周回軌道飛行を成功させた頃から、気分は段々と盛り上がってきており、一一号はその打ち上げ時から大変なニュースとなっていた。

もちろん、小学生から中学生にかけてのこの期間に、宇宙を舞台にした映画もたくさん見ていたし、テレビでもその種の番組はハズした事がなかった。「宇宙大作戦」「宇宙家族ロビンソン」、映画では「宇宙からの脱出」、日本でも「妖星ゴラス」などなど。

そんなスクリーンやテレビを通じて胸を踊らせていた僕だったが、アポロ一一号の歴史的偉業を前に、それまで夢物語だと思っていた事が、現実に眼の前で起こっているのだという、素晴らしさと不思議さを強く感じていたのが、あの七月二一日だったのである。

あの夏の日から五〇年以上が過ぎ、その間、SF映画、宇宙映画を数限りなく見てきたが、「スター・ウォーズ」のような荒唐無稽な冒険物語もさる事ながら、僕にとっては現実的なリアリズムに裏打ちされた迫真力を持つ硬派の宇宙物の方が心に残っている。

「カプリコン・1」を見たのは、昭和五三年(一九七八)である。人類初の火星探査プロジェクトが実は国家によって巧妙に仕組まれた陰謀であり、実際は誰も火星には到達していなかったという設定は実に奇抜で面白いものだった。そして、あのアポロ一一号がもしこうだったら……と考えると、映画という虚構の世界と、自分が少年時代に体験した現実とが薄い壁一枚で接しているような奇妙な不安定感を感じてしまったのだった。

実話を元にドキュメンタリータッチで宇宙飛行士たちを描いたのが昭和五八年（一九八三）公開の「ライトスタッフ」だ。この映画、何を隠そう僕のお気に入りベストテンに入る大好きな一本である。

初めて宇宙飛行士に選ばれた七人の男たちの苦悩と挑戦、誇りと栄光の影の挫折と葛藤、そして未知の世界へ挑戦する熱い心を高揚感たっぷりに描き上げた三時間余のドラマは、僕にとって「宇宙映画の最高峰」と言ってもいい。クルマでドライブする時にこの映画のサウンドトラックをかけると、気持ちが盛り上がる事は間違いなしである。

そして、真実に基づく宇宙映画としては「アポロ１３」を忘れてはならない。

昭和四五年（一九七〇）四月の実際の事故の際には、高松高校に入学して間もない僕もまさに息を詰めて毎日のニュースに見入っていた。そういう意味でも実に興味深い映画だったし、ロケット打ち上げシーンの迫力と臨場感は今も鮮烈な印象を与えてくれている。

スペースシャトルで宇宙空間へ飛び出して地球の危機を救うのが、平成一〇年（一九九八）に公開された「アルマゲドン」と「ディープ・インパクト」の二本。科学的事実を積み上げてリアリティのある画面で圧倒してくるのが、平成二五年（二〇一三）に封切られた「ゼロ・グラビティ」と、翌年公開の「オデッセイ」や「インターステラー」である。さらに平成三一年（二〇一九）には、人類初の月面着陸を成し遂げたニール・アームストロングの伝記映画「ファースト・マン」も公開されている。

スペースシャトルの中の一機がディスカバリーと名付けられた時には、映画ファンなら誰でも「2001年宇宙の旅」に登場する宇宙船を思い出しただろうし、実際の宇宙飛行士の中には「スター・ウォーズ」を見て宇宙に憧れたという人や「ライトスタッフ」が宇宙飛行士を目指すきっかけになったという人もいる。宇宙映画で描かれた夢を、自分の目標として現実のものにするという時代になっているのだ。


昨年は、その人類月面着陸から五〇年。アメリカのマーキュリー計画で「ライトスタッフ」の七人の宇宙飛行士が選ばれてから六〇年。さらには、あのガリレオ・ガリレイが手製の望遠鏡で初めて月を観測してから四一〇年という節目の年だった……と何かの記事に書かれていた。

映画の世界では、人類は遙か外宇宙、銀河系の向こうから超次元の彼方まで足を踏み入れているのだが、現実はそんなに甘くはない。あの中学三年生の夏の日から半世紀が過ぎているのに、人類はまだ三八万キロ彼方にある月より先の宇宙空間には足を踏み入れていないのである。

あの時は、まさかそんな事になるとは考えてもいなかった。二一世紀には誰もが月旅行を楽しむ時代がやってくるかもわからないと真剣に想像していたのだから。

昨年、アメリカが「宇宙軍」なる組織を発足させた時は驚いたものだが、今年の新聞記事にはもっとびっくりした。「日本政府は、宇宙空間を安全保障上の重要な新領域と位置づけ、航空自衛隊を『航空宇宙自衛隊』へと改称する検討に入った……」

ついに、そんな時代がやってきたのかという思いである。

昭和三二年（一九五七）公開の東宝映画「地球防衛軍」、それに続く「宇宙大戦争」。あの映画で地球を守るために大活躍したロケット戦闘機部隊が、現実に宇宙を飛び回る日が本当に来るのだろうか？

その記事を読んだ時、僕は一瞬、自分が現実と虚構の狭間で揺れているような感覚を覚えていた。

「人類、ついに月面に立つ！」――。その壮挙に素直に感動して心を振るわせていた一四才の僕は六五才になった。

どうやら僕の世代では、人類は月から先へは到達できそうにない。ならばせめて、映画の世界で縦横無尽に宇宙空間を飛び回りたいものだと思う。

「宇宙軍」なるものが、実際に活動するなどという野暮な事が起こらない事を祈りつつ、いくつになっても、元・宇宙少年の夢は果てしなく続くのである。

007は「大人の男」の番号

亀阜小学校五年生の時の話である。

ある時、クラス新聞で「将来、あなたは何になりたいですか?」というアンケート特集をした。

令和時代の今でこそ、サッカー選手とか、ITプログラマーとかユーチューバーなんてのが幅をきかせているようだが、何せ昭和四〇年(一九六五)の話である。だいたいがプロ野球選手、会社社長、ケーキ屋さんにお嫁さん(!)とか、可愛いものだった。

ところが忘れられない回答をしたヤツがいて、それが今でも僕の記憶に残っている。

普段から元気ハツラツで、クラスの中でも運動神経抜群だった彼はアンケートに「世界一のスパイになる!」と書いたのだ。

実はこの頃、「スパイブーム」なるものが日本中の少年たちを熱狂させていたのである。

『少年』とか『冒険王』といった月刊誌には毎月といっていいほど「スパイ七つ道具付き特製アタッシュケース」とか、「秘密スパイピストル」といった附録がついていたし、『少年マガジン』や『少年サンデー』にもしょっちゅう特集記事が組まれていた。たとえば「こうすれば君もスパイになれる！」とか「一流スパイが持つひみつ兵器はこれだ！」とか。

要するにそれほどにスパイという存在が身近なものになっていたという事である。少年たちにとってスパイとは、正義の味方であり、カッコいいアクションヒーローであり、不可能を可能にするスーパーマンだったのだ。

そして、そんな特集やブームの頂点にたって、少年たちの憧れを一身に受けていた世界的ヒーロー、それがイギリス海外秘密情報部員で殺しの許可証を持つ男、００７ことジェームズ・ボンドである。

ご多分に洩れず、友だちとスパイごっこ（単なる〝かくれんぼ〟です）をしてボンドを真似していた一〇才の僕だったが、まさか六五才の今になるまでボンドが活躍し続けているとは考えてもいなかった。

リアルタイムで００７映画を見たのは、昭和四〇年（一九六五）公開の「ゴールド・フィンガー」からで、それから半世紀、平成二七年（二〇一五）に封切られた「スペクター」まで全ての作品を映画館で見てきた。

初代のボンドを演じたのはショーン・コネリー。当時すでに三〇代半ばだった彼のボンドは、小学生だった僕にとってはとにかく「手の届かない大人の男」だった。

秘密兵器、ピストル、クルマ、お酒、そして美女たち。小学生にとっては想像できないアイテムばかりで、映画の内容は面白かったが、ボンドの男としての魅力を感じる所までには至らなかった。

友だちと話す内容と言えば……「ボンド役のショーン・コネリーの髪の毛な、〝かつら〟やって知っとるか？」「ウソやろ～。そんなら、あのごっつい胸毛もニセモンか？」などという感じであった。

どちらかというと、同時期に007の亜流と言われながらも、これはこれで大人気だった「0011ナポレオン・ソロ」の方が子供向きに軽く作られていて、ソロと相棒のイリヤ・クリヤキンの掛け合いもおチャラケていて好きだった。

ボンド映画の本当の魅力に気づいたのは、僕が大学生から社会人にかけて公開された一連のロジャー・ムーア作品を見てからの事だ。

つまり、ボンドは「大人の男の憧れ」だという事がわかったのだ。世界を舞台に美女たちに囲まれて、冒険を繰り広げる彼の姿は「大人のマンガ」であり、「現代のおとぎ話」なのである。

「そんな事、あるかい！」と突っ込みを入れて面白がったり、現実とかけ離れてリアリティーがなくても、バカバカしくて楽しいというだけで充分ではないか。息の詰まるような現実の疲れた生活から、ボンドと一緒に非日常の世界へ旅立つには、やっぱり我々も大人でなくてはならなかったのである。

ボンド映画のお楽しみポイントはいろいろある。

まず、魅力的な悪役、大掛かりなロケーションと仕掛け。危険を共にする世界の美女たち。遊び心を満足させてくれる秘密兵器やクルマ、ファッション。そして胸弾む主題曲と００７のテーマ。作品ごとに魅力が溢れているのだが、そのあたりを踏まえて、僕のボンド映画のお気に入りをあげてみると……。

一番は何と言っても昭和四〇年（一九六五）公開の「サンダーボール作戦」である。

００７マニアの多くは緊密なサスペンス色の強い昭和三九年（一九六四）封切の「ロシアより愛をこめて」を推す事が多いが、当時小学校低学年だった僕にはちょっと大人テイストが強すぎた。

「サンダーボール作戦」のハイライトは、カリブ海の海底でボンドたち情報部員と敵側のスペクター軍団が繰り広げる水中バトルで、今もその迫力は衰えていない。

この時に登場した水中ジェットや水中バイクのプラモデルを買って、家の風呂場で延々と遊んでいたのも懐かしい思い出である。もちろん、ボンドガールのクローディーヌ・オージェも憧れの美しい女の人だった事は間違いがない。

そして、ショーン・コネリーは令和二年（二〇二〇）一〇月、九〇才でその生涯を閉じた。カリブ海に浮かぶバハマ諸島の邸宅で眠るように亡くなったとのニュースを聞いて、「サンダーボール作戦」の舞台だったなあと思い出したのはオールドファンだけだったのではないか。コネリー＝ボンドは今こそ永遠のヒーローとなったのである。

また、ボンドガールと言えば、昭和四二年（一九六七）公開の「007は二度死ぬ」を忘れてはいけない。日本ロケが行われ、浜美枝と若林映子が日本人女優最初のボンドガールとして登場したのだから！　トヨタ2000GTで都心を駆け抜け、丹波哲郎とタッグを組み、阿蘇山で敵と戦うというこの作品、いろいろな意味で日本人には忘れられない一本である。

次のお気に入りは「女王陛下の007」だ。この一作にしか登場しないジョージ・レーゼンビー演じるボンドは、確かに他のボンド役者に比べて魅力は薄い。ではなぜ僕がこの作品を気に入っているかというと、ひとえにヒロインのダイアナ・リグが好きだったからである。

公開された昭和四四年（一九六九）は中学三年生。そろそろ色気づいてくる頃でもあり、憧れという意味ではなく、お付き合いしたいお姉さんとして見ていたという訳で、スクリーンに胸をときめかせていた自分を切なく思い出す。

で、ベストワンは昭和五二年（一九七七）公開の「私を愛したスパイ」に決まりである。ロジャー・ムーアの飄々としたダンディズムを漂わせる英国紳士のボンド、大人のマンガとしてのバカバカしさと人を喰った面白さ。そして笑えるぐらいのオーバーアクションが炸裂するこの一本は大した娯楽映画だと思う。カーリー・サイモン歌うところの主題歌も実にカッコいい。

そしてこの後は、ティモシー・ダルトン、ピアース・ブロスナンを経て、平成一八年（二〇〇六）の「カジノ・ロワイヤル」からは金髪、碧眼のダニエル・クレイグがボンドを演じていて、作品としては実に高い娯楽性を持つレベルを維持しているのだが、時代の変遷とともにボンド自身も作品のテイストも変わって行かざるを得ないという状況になっている。もっとも時代とともに変化してきたからこそ、半世紀以上も続くシリーズになっているのではあるが。

変化したのは、まずボンドの敵の設定である。

二〇世紀の敵は、自分の持っている金塊の価値を上げるためにアメリカにある大量の金塊を放射能で汚染させようとしたり、選ばれた男女を宇宙空間に打ち上げ、それ以外の地上の全人類を滅亡させて理想の国を作ろうとしたりという、実に荒唐無稽なヤツが多かった。それ以外にもソ連秘密情報部とか、東側のスパイとか単純な図式で描かれていた。

しかし、時代の変遷とともにボンドが戦う相手は実に多種多様になっている。世界を情報で支配しようとするメディア王、武器商人と世界のテロ組織、南米の軍事政権を支持する陰謀団、英国情報部に恨みを持つ国際テロリスト……と収拾がつかない状態であり、要するにそれだけ現代社会が複雑化しているという事なのだろうと思う。

もうひとつの変化は「映画の質感」とでも言えばいいのだろうか。ロジャー・ムーア時代のおおらかで面白い〝大人のマンガ〟から、ハードで硬派な正統派アクション映画へと変わってきたのだ。これはこれで悪い事ではないのだが、肩の力を抜いて楽しむテイストから、手に汗を握ってハラハラしながらアクションを味わう路線への変化は、時代の要請であるのかもしれないと思う。

その点、古き良き「大人のマンガ」テイストを作品中にとどめているのは、最近でいうと「ワイルド・スピード」や「ミッション・インポッシブル」シリーズの方ではないか。かつての007映画にあった「バカバカしくも面白い」という伝統が息づいていると思うのは僕だけなのだろうか?

ダニエル＝ボンドで一番驚いたのは、平成二四年（二〇一二）のロンドンオリンピック開会式で、エリザベス女王をエスコートして、スタジアム上空からパラシュート降下した時である。生中継を見ていてバッキンガム宮殿からボンドと女王が出てきた時もびっくりしたが、まさかへリコプターから飛び降りるとは！　もちろん、編集で繋いでいるのはわかっているが、やはりジェームス・ボンドは英国民の誇りなんだろうなとつくづく感じたものだった。

ジェームス・ボンドは、イアン・フレミングの原作によると一九二〇年生まれである。ダニエル・クレイグ登場の際に一九六八年生まれとリセットされたが、それでももう五〇才を過ぎている。ボンド映画とともに育ってきた僕も六五才。

僕は勤めていた会社をどうにか無事に退職したが、ボンドはまだまだ初老の体にムチ打って女王陛下や上司Mにこき使われつつ、英国情報部に籍を置いて頑張っている。

ボンドの戦いはまだまだ終わる事がないのである。これからも永遠のアクションヒーローとして、かつての少年であった僕に夢と冒険を提供し続けていってくれる事を願うのみだ。

次回作は「ノー・タイム・トゥ・ダイ」。そのポスターを見た時、五〇年以上前に「世界一のスパイになる！」と書いた同級生の得意そうな顔が鮮やかに浮かんできた。

バラ色の未来、信じてますか？

「未来はバラ色にかがやいている！」とか、「二一世紀は明るく希望に満ちた世界になる」などと単純に考えていたのは、いくつの時までだっただろうか。

小学生の頃、少年雑誌の正月号には、必ずといっていいほど「五〇年後の君たちの生活はこうなる！」とか、「これが二一世紀の東京だ」などという夢と希望に溢れた特集が組まれていたものだった。今、それらの雑誌を読み返して見ると、思わず笑ってしまうほどである。

昭和二四年（一九四九）三月号の『科学少年』は「未来の超弾丸列車」を紹介している。列車のスタイルは確かに古めかしいが、説明文を読むと、これはリニアモーターカーだとわかる。終戦からわずか四年しか経っていないこの時期、少年たちはすでにリニアモーターカーの記事を読んでいたのである。

「冒険王」昭和32年11月号より

現実には、リニアの東京〜名古屋間の開通予定は令和九年（二〇二七）で、大阪までの開通となると令和一九年（二〇三七）まで待たなくてはならない。まだまだ未来は遠い先なのである。

昭和三〇年代に入ると、戦後の復興から発展へと転じていく日本の姿と歩調を合わせるように、科学の力によって到来するであろう輝かしい未来図が描かれている。

小学館の学年雑誌『小学六年生』の昭和三八年（一九六三）四月号の特集は「一〇年後の生活はこう変わる！」だ。空中都市、家庭用電子頭脳、合成食品、テレビ電話、動く道路、人口冬眠。これらのアイテムを見た当時の僕たちが、どれほど胸をときめかせていたかは想像にあまりある。特集の最後に「こんな時代が来るまで、おじいさん、おばあさん、長生きしてくださいね！」とあるのが笑える。

それと強く感じるのが、原子力への憧れである。

低コストで膨大なエネルギーを産み出すとされていた原子力を平和利用する事は、時代の要請でもあったのだ。

昭和三五年（一九六〇）一月号の『小学六年生』には「空を飛ぶ原子力船」の堂々たるカラー口絵が掲載されている。豪華客船と原子力飛行機を合体させた巨大な乗り物の胴体には「日本航空」と誇らしそうに書かれている。「原子力を平和利用することを知った人類の未来は素晴らしいものです」という説明文に添えられたイラストは高速道路を走る原子力自動車だ。さらにあろう事か、「お菓子を作る製造機も原子力で動かせる日が来ます」とあるのだ。

現在の日本での原子力事業の扱いと、それに伴う社会構造の変化を考えると、これらの未来予想図はブラックジョークとしか思えない。何という時代であった事か！


発達した科学文明を支える人間の英知が無限だと思われていたのは、昭和四五年（一九七〇）の大阪万博の頃がピークだったのではないだろうか。

高校一年生だった僕も両親に連れられて、夏休みを利用して万博に出かけた。

お盆だった事もあり、もの凄い人の波！　暑さと人混みと行列の長さにヘタッてしまって、待ち時間が四時間というアメリカ館の「月の石」も、三菱館の「サークロラマ」も並ぶのをあきらめた。

結局、アフリカのどこかの国のパビリオンで民族人形を買った事と、ドイツ館でやれやれと言った顔でビールを飲む両親の姿を覚えているだけである。それでも、会場のあちこちで「未来」を感じていたし、二一世紀に向けて人類は進歩していくんだなぁという思いは確かにあったのだ。

「人類の進歩と調和」をテーマとして、総入場者が六千万人を越えるという大博覧会の裏で、時代は確実に変化を遂げていたのだ。しかし、それ以降の時代はご存じの通りである。

環境破壊、経済不況、エネルギー問題、人口問題、飢餓に宗教問題、国家民族間の絶え間ない紛争。そして人間の心が壊れているとしか思えない異常な犯罪の横行……。

「未来はバラ色」などではなく、実に不安定で不透明で不確実で、ダークなものでしかなかったのである。


中学二年生の時にSFの面白さに気づいてから、古今東西の名作と言われる数多くのSF小説を読んできた僕だが、どうやらその頃から、胸躍る宇宙開拓や冒険心溢れるヒーローが活躍するジャンルより、ダークな未来をペシミスティックに描いている作品の方に心が惹かれていく傾向があったようだ。

ジョージ・オーウェルの『一九八四年』、レイ・ブラッドベリの『華氏451度』、ネビル・シュートの『渚にて』、そして小松左京の『復活の日』や『日本沈没』。実はこれら好きだった作品はすべて映画化もされている。

そして、SF小説だけでなくSF映画もたくさん見てきた訳だが、無邪気に歓声をあげられる「スター・ウォーズ」や無条件に胸がスカッとする「スパイダーマン」といったスーパーヒーロー物の単純明快な勧善懲悪ストーリーよりも「ひょっとしたら明日にもやってくるかもわからないカタストロフィ」とか「人類の未来社会は暗澹たる世界」といった物の方にゾクゾクしてしまうのだ。別にアマノジャクというのではないが、多分にマゾヒスティックな傾向はあるのかも知れないと自分では思っている。

理屈っぽく考えれば「2001年宇宙の旅」も、人類の知性は宇宙では何の役にも立たないと言っているような映画だし、「猿の惑星」もラストのワンショットで人類の未来は平穏ではない事が観客に知らされる。名作と言われるSF映画は、このジャンルの物が多いというのも何となくうなずける感じではある。

そんな中でも特筆すべき傑作といえば、リドリー・スコット監督の昭和五七年（一九八二）公開作「ブレードランナー」にトドメを指す。

環境破壊が進み、酸性雨が降り注ぐ二〇一九年を舞台に繰り広げられる人間とレプリカント（人造人間）との相克は見る者を圧倒せずにはおかない。公開後、四〇年近くが経つのに、平成二九年（二〇一七）には「ブレードランナー2049」が公開されるなど、未だにカルト的人気が衰えないという点も映画的魅力の一端を示すものだと言える。

また、スティーブン・スピルバーグ監督の平成一四年（二〇〇二）公開作「マイノリティ・リポート」も捨てがたい魅力に溢れた作品だ。

犯罪が起こる前に容疑者を逮捕するという究極の犯罪防止システムが稼働する二〇五四年を舞台にした物語は、ハードなアクションシーンに加えて人間の尊厳とか犯罪者心理にまでテーマが広がっていく異様な迫力で我々に迫ってくる。

実はこの「マイノリティ・リポート」も、「ブレードランナー」と同じフィリップ・K・ディックの原作である。

彼の小説は他にも映画化されていて、火星の植民地で自身のアイデンティティに不安を持つ主人公が登場する「トータル・リコール」、近未来で記憶を消されるコンピュータプログラマーが主役の「ペイチェック　消された記憶」などがある。どれもが「ダークな未来」を舞台に描かれている所を見ると、ディックはよっぽど人類の明るい未来という設定がイヤだったようだ。

あとは、徹底的に個人が管理される社会を描いた「未来世紀ブラジル」、人口爆発による「食料危機を背景にした「ソイレント・グリーン」や、子供が産まれなくなった世界を描く「トゥモロー・ワールド」、絶滅した世界に一人残された男を描く「アイ・アム・レジェンド」などが強烈な印象を残している。

しかし、それらの映画に描かれたダークな「未来」が二〇二〇年の「現在」ではないと、誰が断言できるだろうか。そもそも今の僕らは、過去、いろいろな映画で描かれてきたどの未来世界に生きているのだろうか。

今まで紹介してきたダークSF映画のラストにもいろいろなパターンがあるが、なかには絶望だけを提示するのではなく、希望や救済へと向かうかすかな光を暗示して終わっている作品もある。

さて現実の世界はどうだろうか。本当にそんな明るい未来へ向かう方法が存在するのか、それともやはり未来は閉ざされたものでしかないのだろうか？

かつて何十年も前、少年雑誌で「未来」というものに大いなる夢と希望を無邪気に信じていた純真な子供たちの頃の思いを、今の大人たち全員がもう一度呼び覚ます事ができれば……。

ひょっとしたら、その時こそ未来は本当に「バラ色」になっていくかも知れないと、僕は思うのである。

同級生「ゴジラ」からのエール

言うまでもなく、「ゴジラ」は今や世界中の映画ファンから愛されるキャラクターである。

第一作目の映画「ゴジラ」が封切られたのが、昭和二九年(一九五四)一一月三日。で、僕の誕生日がその年の大晦日だから、僕とゴジラとは同級生という事になる。

この一作目「ゴジラ」と翌年公開の「ゴジラの逆襲」こそ、リバイバルで見たが、それ以降のゴジラ映画は全てを封切時に映画館で見てきた。要するにゴジラの歩みは、そのまま僕の成長過程とシンクロしていると言ってもいい。

ともに還暦を越えて六五年という年月を過ごしてきた僕とゴジラであるが、お互いにまだまだパワフルに走り続けたいものである。

初めてゴジラと出会ったのは、昭和三七年（一九六二）八月に封切られた「キングコング対ゴジラ」だ。高松東宝の超満員の観客の中で見たゴジラは、恐竜かトカゲみたいな外観だったが、たかがゴリラ（?）のキングコングよりカッコ良く見えた。

昭和三九年（一九六四）には「モスラ対ゴジラ」だ。この作品は特撮部分の素晴らしさもさる事ながら、ドラマ部分がよくできていて、とにかく怪獣を出しときゃいいんだ式の構成ではなく、子供心にもハラハラするような物語があった。要するに大人も鑑賞に堪える「怪獣映画」だったように思うのだ。

ところが、その年の暮れの「三大怪獣 地球最大の決戦」から一気に〝お子様モード〟が出てしまう。地球に攻めてくる宇宙怪獣キングギドラに対して共同戦線を張ろうとしてモスラがゴジラとラドンを説得するなどという、本格的怪獣映画にはあるまじきシーンが登場するのである。

モスラと一緒にいる小美人が怪獣たちの言葉を通訳して「モスラはみんなで一緒に戦おうと言っていますが、ゴジラはいやだ！　と反対しています！」……。さすがのゴジラファンの僕も「これはないよな～」と思っていた。どうやらこの頃から、僕の嗜好は「リアル怪獣映画」

だったようで、怪獣同士のプロレス対戦より、ひたすら破壊し進撃するモンスターを如何にして食い止めるかという人間とのバトルが好きだったようである。

この違和感は翌年、昭和四〇年（一九六五）に封切られた「怪獣大戦争」で頂点に達した。なんと、バトルの最中に攻撃を受けたゴジラが「シェー」をしたのである！

赤塚不二夫の「おそ松くん」から産まれた「イヤミのシェー」が大ブームになっていたとはいえ、これはひどい！　と小学五年生の僕は怒っていたのだ。だから、同時上映されていた「エレキの若大将」で「君といつまでも」や「夜空の星」をカッコ良く歌う加山雄三の方に憧れが移っていったのも仕方がなかったのである。

当時、〝リアル怪獣映画〟を求める僕の興味は、「フランケンシュタイン対バラゴン」の西洋怪奇ものテイストや、「サンダ対ガイラ」の徹底的都市破壊スペクタクルに向いていた（ちなみにこの時、ガイラを攻撃したメーサー殺獣光線車のフィギュアは今も僕のデスクの上に飾られている）。そしてテレビでは「ウルトラQ」に夢中だった。怪獣プロレスではなく、人間たちが知恵を絞って怪獣に立ち向かう。特殊兵器や科学部隊も登場しないこのドラマこそ、僕の嗜好にピッタリだったのである。

ここまでが僕とゴジラとの第一章である。小学生の僕と、元気はつらつで暴れ回るゴジラ。まさに一九六〇年代のイキオイそのままであり、悩みも迷いもない時代だったと言える。

次の第二章は、まさに悩める青春期。昭和四二年(一九六七)封切の「怪獣島の決戦 ゴジラの息子」から、昭和五〇年(一九七五)の「メカゴジラの逆襲」までの期間は、ちょうど中学一年生から高校を経て、大学三年生までに当たる時期である。

悩んだり迷ったりしながら少年から大人に成長していく僕と同じように、この時期のゴジラもまた悩んでいたのではないだろうか。

物語は完全にお子様向けテイストとなり、恐怖の大王としてのゴジラはいつのまにか「正義の味方」「子供たちのアイドル」と化してしまっていた。これがゴジラの正しい成長譚なのだろうかと思っていた僕は、それでも全ての作品を映画館で見続けた。

同世代のヒーローへのエールとでも言うべきなのか、僕が社会人となり大人になっていくのと同じように、ゴジラも必ずいつの日にか「大人のゴジラ」として原点に回帰するような姿で還ってきてくれると信じながら――。

そして第三章は昭和五九年(一九八四)に始まる。

僕はと言えば大学生から社会人になり、人並みに結婚をしてもうすぐ子供も産まれようかという二九才になっていた。

少年期から青年期を経て、誰がどう見ても大人としてのステージに入っていたのだ。そんな時にゴジラの九年ぶりの復活!

しかも今回は原点に戻って力強くて恐ろしいゴジラだと言うではないか。怪獣対戦ものではなく、あくまでも人間社会とゴジラとの対峙が描かれるという製作ニュースに小躍りして喜んだものだった。そして、ゴジラも三〇才を迎えるにあたって、やっと子供相手ではなく大人向けのアイデンティティを確立したのだと思うと、感慨深いものもあったのだが……。

残念ながら、この「復活ゴジラ」は、僕を満足させてくれるものではなかった。

確かに破壊スペクタクルはまずまずの迫力があったのだが、肝心の本編ドラマ部分と特撮シーンとの融合がうまくいっていないのが最大の欠点。さらに本編のテンポの遅さと、悠長なドラマ展開も致命的だったのだ。せっかく復活したのにこれではゴジラ本来の魅力が失われてしまう。

今から働き盛りのゴジラなのに、もう少しいい環境を与えてやれなかったのかと、歯がゆい思いでスクリーンを見つめていた。

平成元年(一九八九)の「ゴジラ対ビオランテ」は、平成ゴジラシリーズの中でも、ダントツに好きな一本である。

とにかくテンポがいい！　本編と特撮のリズムやテンポにズレがないのは、大森一樹監督が脚本も書いているからだ。ヌケのいい特撮シーンも最高だが、何より感動するのは、作り手たちに、オリジナルゴジラとそれを作った人々へのリスペクトが感じられるという所である。

けではあるまい。

本多猪四郎、円谷英二、伊福部昭。シーンの至る所に彼らへの畏敬の念を感じたのは、僕だ

後年、大森監督と懇意にさせていただくようになって、この思いを監督に話した事がある。すると監督は「そう言ってくれる人がいてありがたい限りですよ。ただ、作ってる時はあっちこっちから、アレをやれ！　とかコレは絶対に取り入れろ！　と言われて大変だったんだから！」と楽しそうに笑っておられたものである。

ゴジラは三五才。まさにこれからがベテランの円熟期に入って行く時期でもあった。

ところがそれから一五年にわたって、ゴジラはまたもや怪獣プロレスの主人公として、中年の体(?)にムチうってスクリーンに登場し続けるのである。

さらに平成一〇年(一九九八)には、何とハリウッドでゴジラが実写映画化された。監督は「インデペンデンス・デイ」のローランド・エメリッヒ。大きな期待を胸に、公開初日に映画館に駆けつけたのだが、何といっていいのか……、とにかくガックリ！

作り手にオリジナルへの敬意がないのはもちろんの事、これは「ゴジラ」と銘打っているが「ゴジラ」ではない。要するに「怪獣映画」ではなく「巨大恐竜映画」だったのだ。

それが証拠にラスト、アメリカ軍のF―18戦闘爆撃機の攻撃で倒されてしまうのである。ゴジラはあんなにヤワではない！　造型も恐竜みたいだし、とにかく期待外れだったのは残念

だった。

映画館を出た僕はつくづく思ったものだった。「あ〜あ、アメリカなんかに単身赴任させるんじゃなかったの〜」……。

そして、平成一六年（二〇〇四）公開の「ゴジラ FINAL WARS」まで、ゴジラは毎年毎年、東宝映画の屋台骨をしょって、他の怪獣たちとバトルを繰り広げた。併映作がアニメの「とっとこハム太郎」という時期もあり、またしても「お子様向け」の烙印を押されたかのようだった。

僕は子供二人の父親となり、二人を連れて何度も映画館にゴジラを見に行った。子供らはかなり面白がっていたが、僕は心の中で「ほんとのゴジラの凄さはこんなもんじゃないぞ！」と叫んでいた。そして、ゴジラもまた四〇代の壮年期を通じて、まさに日本の怪獣映画への義務を果たすかのようにスクリーンで咆哮し続けていたのだった。

五〇才を迎えたゴジラは、ここからしばらくの休養期間に入る。僕も二人の子供が成長して一人前になり、自分自身も会社の中でそれなりの責任を負わされる立場となっていた。社会環境も変わり、映画界を取り巻く状況も変化していたが、僕の中では、やはりゴジラはヒーローであり続けた。

そして平成二六年（二〇一四）、ついに「GODZILLA ゴジラ」が登場する。

日本では描ききれなかった超スペクタクルな破壊シーンといい、ムートーという怪獣とのバトル映画でありながら、人間社会との関わりをしっかりと描いた構成といい、これこそが長年見たかった「強くて恐ろしいゴジラ」なのだと、スクリーンの前で半分泣きそうになっていた僕がいたのだ。

満六〇才にして、ゴジラついに復活！　会社員としても定年という一大行事を目前に控えていた僕ら世代へ向けて力強いエールを送ってくれたのが、このゴジラなのである。「同級生のみんな！　まだまだ先は長いぞ！　元気出して行こうやないか！」ゴジラはそう言っているに違いなかったのだ。

結局、予算と時間を惜しみなくつぎ込むハリウッドの製作体制がなければ、ゴジラ映画はみすぼらしくなるのかも知れない……。そんな事を思っていた平成二八年(二〇一六)、「シン・ゴジラ」が公開された。

ついに日本映画界が決定版とでもいうべき「ゴジラ映画」を完成させたのである。

庵野秀明総監督のプロットと絶妙な展開、樋口真嗣特撮監督の職人的な技の冴えもさる事ながら、怪獣バトルではなく人間との攻防戦である事や、個人と組織、公と私にも踏み込む現代的テーマが、僕の心を震わせた。とうとう思い描いていた〝リアルゴジラ映画〟がやってきた！

六二才の僕は、還暦が過ぎてもなお、進化を続けるゴジラに圧倒されると同時に、強い連帯感をも感じていたのである。

それからもゴジラはさらに進化していく。

令和元年(二〇一九)五月には、「ゴジラ　キング・オブ・モンスターズ」が公開された。ゴジラ、ラドン、モスラにキングギドラというオールスターキャストで描かれる物語は、ハリウッド方式で実に豪華に迫力満点に描かれているうえに、オリジナル版へのオマージュが溢れている作品である。

特にラスト、「中島春雄氏の思い出に」という献辞が出て思わず涙がこぼれてしまった。言うまでもなく、中島氏は、初代ゴジラ俳優であるが、平成二九年(二〇一七)に、この世を去っていたのである。

「これだけの映像にしてくれてありがとう」という思いではあるが、「面白かった」というより「凄いな〜」という感覚で、怪獣バトルとしてはこれ以上のものは望むべくもないという事だろう。

この作品を見たのは、四二年間にわたる会社員生活に終わりを告げるわずか半月前の事だった。僕はまた、第二の人生へと進んで行く訳だが、ゴジラはどこまで走り続けて行くのだろうかと考えた。するとその時、それまでのゴジラ映画を見た折々の自分の一ページが鮮やかに蘇ってきた。

そして、これから先もゴジラ映画の新作は公開されていく予定である。

今度は「ゴジラVSコング」だ。ついにゴジラとコングが相まみえるのである。思えば初めて見たゴジラが「キングコング対ゴジラ」だった。あれから五八年！　はるけくもやって来たものである。

僕は六五才になり、前期高齢者と言われるようになった。

しかし、同級生ゴジラにはそんな名前は似合わない。底知れぬパワーと旺盛なバイタリティを今こそ見習いたいものだと、しみじみと感じずにはいられない。ゴジラにセンチメンタルは似合わないのである。そして僕はやっぱりこう叫ぶのだ。

おーい、ゴジラ～っ！　まだまだ俺も頑張って走るぞ～！　ガオ～ッ！！！

戦争を知らない子供たち

昭和四〇年代、「若大将」や「社長」、「ゴジラ」と並ぶ東宝映画の人気シリーズに「八・一五シリーズ」というものがあった。

毎年、八月一五日の終戦記念日前後に封切られたこれらの映画は、太平洋戦争をテーマに戦いの中の日本と日本人の姿をドラマティックに描き出すもので、昭和四二年（一九六七）公開の「日本のいちばん長い日」を皮切りに、中断の年も含めて昭和五九年（一九八四）の「零戦燃ゆ」まで作られている。

中学一年生で「日本のいちばん長い日」を見てから、二九才の妻子のいる会社員になってからの「零戦燃ゆ」まで、そのすべてを僕は、両親と一緒に見てきた。内容的にはかなり高度で中学生には難しい映画だったが、両親は僕の質問にいつも丁寧に答えてくれた。

海軍の航空基地で、自分と同世代の特攻兵を数多く見送ってきた父、高松市の空襲で焼夷弾の落ちてくる中を必死で逃げ回った母。二人は「お前が二度と戦場に行くことがないように」と言いながら、戦場の悲惨さや戦時下の生活についてじっくりと語ってくれ、その言葉は僕の胸の中に深く刻まれていった。

日本人のメンタリティに起因するのか、あの時代への反省なのか、日本の戦争映画のほとんどが「悲壮」「悲惨」、あるいは「反戦」というキーワードを全面に押し立てて正攻法の描写で観客に迫ってくるものが多い。戦争映画をアクション映画のひとつのジャンルととらえて、ドライで派手な作品を産みだしてきたハリウッド映画とは対照的な位置づけと言えるだろう。

それでも今に至るまで、日本の戦争映画は封切られるたびに論争を巻きおこす。

一方が「好戦的・戦死美化・戦争賛美」といえば、一方は「事実を描いた叙事詩・反戦は当たり前・日本人の平和への思いは不変」などと反論するというお決まりのスタイルである。

僕は思想的には右でも左でもなく、ただ二度とあの悲惨な時代を繰り返してはいけないと思っている普通の映画ファンに過ぎない。

ただたくさんの映画を見てきただけに「この戦争映画は本当は何を言いたいのか」とか「作者の伝えたいのはここだ」というぐらいの知見は備わっていると自分では思っている。

昭和五五年（一九八〇）公開の「二百三高地」や二年後に封切られた「大日本帝国」は、戦闘シーンの描写ではなく、常に虐げられる立場にある弱い市井の庶民のバイタリティと不屈の反骨精神こそがテーマだと思っているのだが、世間の評価は「国家主義賛美」とか「軍隊礼賛」というものだった。

昭和五六年（一九八一）公開の「連合艦隊」、ぐっとくだって平成一七年（二〇〇五）公開の「男たちの大和」も、あの時代の日本人の姿を真摯に描いた叙事詩として好感を持ったし、他にも「英霊たちの応援歌」とか「きけ、わだつみの声」といった作品も、死に向かう行為が唯一の青春の証明だった学徒兵たちの無念さを余すところなく描いた好編だったと思うが、それでも賛否は常に拮抗していたのである。

ただ、戦闘シーンのある映画ばかりが「戦争映画」ではない。戦時下の人々の暮らしや心情を描いた作品もまた「戦争映画」であるが、こちらの方はどちらかといえば論争の対象になる事はあまりなく、総じて好意的に迎えられる事が多いように思う。そしてまたそれに見合うだけの高いクオリティを持つ傑作が多いというのも事実だ。

昭和六三年（一九八八）から続く黒木和雄監督の戦争三部作、「TOMORROW 明日」「美しい夏キリシマ」「紙屋悦子の青春」は必見の三本。

広島の原爆を主題にした平成一九年（二〇〇七）の「夕凪の街 桜の国」、平成二七年（二〇一五）

の「母と暮らせば」も心に染みる作品だが、このジャンルでは特筆すべきアニメ作品を二本挙げたい。

昭和六三年（一九八八）封切の高畑勲監督のアニメ「火垂るの墓」はとにかく一度見てほしい。実写映画を含めた中でもこれほど哀切な反戦映画はないのではないか。とにかく泣けます。

もう一本は平成二八年（二〇一六）公開の「この世界の片隅に」である。淡々と、しかし深く精緻に紡ぎ出される「普通の人々」の戦時下の生活。押さえ込む慟哭、吹き出す魂の叫び……。見終わった後も圧倒されてしまい、しばらくは深い感慨に沈んでしまった事を思い出す。

太平洋戦争終戦から七五年――。

直接に戦争を知らない戦後生まれが、全人口の八三%を占める現在、日本人の意識も、日本を取り巻く安全保障体制も劇的に変化した。

僕の両親のように、事あるごとに実体験を息子世代に話した人間もいれば、「あの時代の事は話したくない」と固く口を閉ざした人もいる。

悲惨な戦争の体験を語ろうとしなかった戦中派世代に責任があるのか、それとも正面から歴史に向かい合おうとしない戦後世代が愚かなのか、まさに「戦争を知らない日本人たち」だ。

しかし、やっぱり我々日本人は「あの時代と戦争」を忘れる事なく永遠に語り継いでいく義務があると思う。それは僕らの子供世代、孫世代が戦場に狩り出される日がこないようにとの祈りにも似た願いなのかも知れない。

ただ、日本映画にとって誇れる事実がある。

それは、日本映画が描く戦争映画は、すべて七五年前の太平洋戦争までのものだという事である。日本は七五年間、戦争をしなかったのだ。七五年間、〝戦死者〟を生み出していないのである。これは実に誇らしい事実だと思う。

それに対して、令和時代の今も戦死者を生み出している「戦争当事国」がある。

アメリカ合衆国である。

アメリカ映画における「戦争」もまた、さまざまな形で僕らの前に登場してきた。

今から五〇年以上前、僕が小学生だった頃の人気テレビ番組と言えば「コンバット！」だった。当時の〝戦争ごっこ大好き悪ガキ少年〟たちの間では、主人公であるアメリカ陸軍のサンダース軍曹は絶対的に強くてカッコいいヒーローであり、アメリカ軍はいいヤツでドイツ軍は悪いヤツという図式を疑った少年はおそらくいなかっただろうと思う。

「自由主義陣営対枢軸国」という大きな枠組みの中での第二次大戦は、アメリカにとっては「自由を守る正義の戦い」だったし、一九六〇年代に大量に作られたハリウッド製戦争映画は、ほとんどがそのスタンスに立つか、または徹底的に娯楽アクション映画としての立場かのどちらかで、僕ら少年たちの心を熱くさせてきたのである。

もちろん、戦争は良くない。しかし、スクリーンの中のヒーローたちやメカ類はみんなムチャクチャカッコ良い――。この自己矛盾に深く考える事もなく、僕はスクリーンに拍手を送っていた。

史実に基づく構成と硬派なドキュメンタリィタッチでノルマンディ上陸作戦を描く「史上最大の作戦」、実物の戦車を大量に撮影に参加させた「バルジ大作戦」。そしてどちらかというと、冒険アクション映画という感じの実にハラハラドキドキな「大脱走」や「ナバロンの要塞」。どれもが「アメリカ対ドイツ」の単純明快な図式に則った超一級の娯楽映画だったのである。

しかし、なかでも異色の作品と言えば、昭和四五年（一九七〇）公開の「トラ！ トラ！ トラ！」ではないだろうか。

二〇世紀フォックスという大映画会社が莫大な予算をつぎ込んで作ったのが、アメリカ軍がコテンパンに叩かれる真珠湾攻撃の話という訳で、日本人の僕からすれば「ハリウッドよ、ありがとう～！」という感じである。実物大の戦艦のセットや本物の航空機を大量に使用した大スペクタクルシーンに圧倒されっぱなしの僕は、実に単純な一五才の高校一年生だった。

それでも当時、ベトナム戦争の泥沼に足を踏み入れていたアメリカを知っていただけに「なんか開き直ったような自虐的な映画やな」と思ったものである。

まぁ、こんなアメリカがヤラれるような映画、今ならとても作れる訳がない！

しかし、一九七〇年代から二一世紀にかけて、アメリカ映画が描く「戦争」の形は大きく変わったと言わざるを得ない。

ベトナム戦争が終わってからも、平成一三年（二〇〇一）の同時多発テロを経て、国際的なテロ組織やテロ国家に対する戦い、世界中の国家間、民族間、宗教間で繰り返される内戦や地域紛争。そんな非正規戦に介入する事で、何が正義で誰のために戦っているのかも判然としない状況のなか、世界中で何万というアメリカの若者が命を落としていくのだから、当然の変化だろう。

ベトナム戦争の狂気とそれに蝕まれていく人間心理の内面を描いたのが、昭和五五年（一九八〇）公開の「地獄の黙示録」だ。

前半の派手なドンパチシーンに続く作品の後半は、恐怖による個人の精神の崩壊が哲学的モノローグと観念的シーンの連続で描写されていく。

この映画の公開直後、地元新聞社の企画した「映画ファン、『地獄の黙示録』を語る」という座談会に参加した事がある。

参加者は僕をいれて五人だったが、みんな戦争経験者ぐらいの年齢で、当時、二五才の僕が一番若造であったように思う。いろいろと話していると一人のオジさんが「後半が映画のリズムを壊しているし、もっと整理してわかりやすくしないと観客に伝わらない」と発言した。それに対して僕は「そのドラマの破綻こそがベトナム戦争の混迷そのものを表しているのだから、是非の結論は観客自身に委ねるべきでしょう」とエラソーに言ってしまった。イヤな若造だね～（苦笑）……。まぁ、その考えは今も変わらないけど。

さらに、一九六〇年代には単なるヒーロー物だった第二次大戦を舞台にした映画にも、明らかな変化が見てとれる。

典型的な作品は平成一八年（二〇〇六）封切の「父親たちの星条旗」。激戦地硫黄島を舞台に、生き残った兵士に刻まれた深い心の傷と、彼らを徹底的に利用する国家の非情さを容赦なく描いている。また平成一〇年（一九九八）公開の「シン・レッド・ライン」は兵士の内面へと切り込む実に内省的な作品である。どちらもそれまでのハリウッド映画には見られなかった描き方だ。あとは徹底的なリアリズムで戦場を描写しすぎたあげくに、実戦を体験した元兵士の老人たちにフラッシュバックを起こさせて病院送りにしたというエピソードもある平成一〇年（一九九八）の問題作「プライベート・ライアン」も忘れてはならないだろう。

そしてアメリカは今も戦いを続けている。

湾岸戦争、イラク戦争、各国への紛争介入……。最近では平成二〇年（二〇〇八）のアカデミー賞受賞作「ハートロッカー」と、平成二七年（二〇一五）公開の「アメリカン・スナイパー」も心に残る。

どちらもかつての「アメリカ万歳」映画ではなく、一人の個人としての心の折り合いのつけ方、人生への深い洞察が感じられるものだったが、「ではなぜ、アメリカはそこに行くのか？」という根本的命題には答えを出せずにいるようである。

しかし、どういう切り口にしようが、どういう描写にしようが、現実社会から戦いがなくならない限り、「戦争映画」というジャンルが姿を消すことはない。

そして中近東、アジア、ヨーロッパ、あるいは不幸にしてアメリカ本国においてそういう戦いが起こる事態になっても、何年か後に「ハリウッド＝アメリカ映画」が、その一連の事実をドラマとして映画化しようとする事もまた、疑いようがない事実だと思う。

その時の描写が「コンバット！」なのか「大脱走」なのか、それとも「地獄の黙示録」や「アメリカン・スナイパー」なのか。

どちらにしても、戦争さえも映画ビジネスに取り込んでしまう感覚とアメリカ的傲慢さがハリウッド製戦争映画の限界ではないのだろうか――と、かつての〝戦争ごっこ大好き悪ガキ〟はしみじみと思うのである。

素晴らしきベストセレクション

人間はなぜすべての事柄をランク付けしたがるのだろうか。

人間性や物事の優劣がそれだけで決まる訳ではないのに、事あるごとに順位やランクをつける。まぁ、これは昔からそういう〝性《さが》〟があるのだという結論になるのかも知れないが……。

映画ファンも同じで年末年始あたりになると、巷のファンやプロの映画評論家たちの間で、ある恒例行事の話題が盛り上がってくる。

「今年のベストテン」というヤツである。

その年に見た多くの映画の中から、心に残ったあのシーン、胸を踊らせたこのスターの姿を

思い浮かべつつ、自分の感性のみを信じてベストテンを選ぶという行為は、僕のような映画ファンには実に楽しいひとときであると同時に、自分の一年間の映画行脚の総決算という感じもあって、たまらなく大切な時間でもある。

「作品に優劣をつけるのは権威主義の象徴」などという意見も確かにある。でもまぁ、そうカタイこと言わないでもいいじゃないですか！　あの映画が大好きとか、この作品は面白くなかったなどとあれこれ思いだしながら、ミーハー気分で自分だけのセレクションを行えば、また映画への思いも深くなる事は間違いがないのだ。

ただ、僕のようなアマチュアの映画ファンが忘れてはならない事は、「自分の鑑賞眼を信じる事」と、「楽しく自由に選ぶ事」の二点だと思う。

誰が何を選ぼうと無意味で感情的な議論をふっかけたり、文句をつけたりしてはいけない。ましてや選んだ人の人間性や品性、鑑賞姿勢までを否定してはいけないのだ。それぞれの価観を受け入れる事から多様な思想というのが産まれるのであり、そもそも映画とは自由に見て自由に語り合うものなのだから。

かくいう僕も映画に目覚めた中学二年生から、「ベン・ハー」を初めの一本として、見た映画全ての感想を映画ノートに書き続けているのだが、もちろん年末には「その年のベストテン」を選んでいる。誰に見せるものでもどこに投稿するものでもなく、あくまでも自分自身の「一年の映画総決算」という位置づけである。

ちなみに映画ノートを書き始めた頃のベストワン作品をちょこっとご紹介すると……。

昭和四四年（一九六九）が「ベン・ハー」、昭和四五年（一九七〇）が「いちご白書」で、翌年が「ライアンの娘」、昭和四七年（一九七二）が「フレンチ・コネクション」というラインナップである。この年までは日本映画をほとんど見ていなかったのだが、翌年、昭和四八年（一九七三）のベストワンは誰がなんといっても「仁義なき戦い」という事になる。

そして令和時代に入り、六五才になった今でも、映画ノートは僕の映画人生になくてはならないアイテムであり続けている。

毎年一二月三〇日の夜になると、その年に見た映画のリストを見ながらあれやこれやと一人考えながら洋画と邦画各一〇本をセレクトする。ＢＧＭは「マイ・フェア・レディ」のサントラや「アカデミー主題歌賞ベストアルバム」といった映画音楽。これが実に楽しいんです！

ちなみにここ五年間の、僕の邦洋それぞれのベストワン作品をご紹介しておく。「なんでこれが一位なんや！」とか、「あの作品の方が良かったのに！」という意見は一切聞きません。

平成二七年（二〇一五）「海街ｄｉａｒｙ」「アメリカン・スナイパー」

平成二八年（二〇一六）「シン・ゴジラ」「オデッセイ」

平成二九年（二〇一七）「三月のライオン」「ドリーム」
平成三〇年（二〇一八）「万引き家族」「スリー・ビルボード」
平成三一年（二〇一九）「火口のふたり」「ジョーカー」

「エラソーにばかり言ってるな〜」と言われてもいけないので、ここでとりあえず、僕が今まで見てきた数多くの映画の中から、いわゆる「オールタイムベストテン」をご紹介しておきたい。

ただ、ベストテン選びの基準は、「選ぶたびに変わる」というのが当たり前だと思っている。ベストテンは、それを考えた時点の自分の感性を元に選んだものだ。何年か経って改めて考えると、また違うイメージが湧くかも知れないし、重ねてきた自分の人生経験で選択の基準が変わるかも知れないのである。

だから今回の「オールタイムベストテン」は、あくまでも「この原稿を書いている時点」のものだ。

そのうえで「初めて映画館で見た時の感動を今も覚えていて、何度見ても新しいときめきを感じさせてくれる映画」という前提に立って、ひとつひとつのシーンが蘇ってくる作品が次の二〇本という訳である。見た順番はバラバラだが、製作年順に並べた。

【日本映画】

「モスラ」（一九六一）

生まれて初めて「特撮」というものを見て、映画の面白さに気がついた。小学校一年生の時に、モスラが繭を張る東京タワーのシーンを書いたノートが今も手元にある。

「天国と地獄」（一九六三）

息もつかせぬ迫力とはまさにこの映画。特急こだまでの現金受渡しシーンはわずか六分間しかないという事に気づいて唖然とした記憶がある。

「日本のいちばん長い日」（一九六七）

戦争と政治を描く白熱の一五七分。昨年もスクリーンで再見したが、何回見ても手に汗を握る。令和に至るも最高の戦争映画だと思う。

「午前中の時間割り」（一九七二）

あまり知られていないこの映画が愛しくてたまらない。少女が日常から非日常へと飛翔する瞬間を切り取った傑作。主人公が、当時の僕と同じ高校三年生というのが痛いほど身に沁みた。

「仁義なき戦い」（一九七三）

僕を日本映画に目覚めさせてくれた衝撃の一本。群像劇、昭和史とすべての要素が詰まった奇跡の九九分。「頂上作戦」までの四本を含めてもいい。

「日本沈没」（一九七三）

東宝特撮で育った少年としてはハズせない渾身の作品。壮大なSFを終末思想で味付けしているが、あれから半世紀、日本はまだ沈没していなくて何よりです。

「砂の器」（一九七四）

わが生涯の日本映画ベストワンの地位は揺るがない。冒頭の松竹マークから、ラストの夕焼けまで涙の涸れる時がない。ただ、森田健作千葉県知事の記者会見を見ても涙が滲むほどだから困ったものである。

「青春の殺人者」（一九七六）

大学の卒業直前に見た鮮烈の青春映画。自分も「大人への入口」に立っていた時でもあり、主人公との運命の差は紙一重だったのかも知れないと思う。

「幸福の黄色いハンカチ」（一九七七）

「男はつらいよ」も大好きだが、あえてこちらを選びたい。人の心の温かさを知りたいなら見ておくべき作品。武田鉄矢はうるさいけど！

「時をかける少女」（一九八三）

原田知世は僕にとっては永遠の女神である。その純粋性とイノセントな存在感は今も変わりなくこの映画の中に封印されているのだ。そして、それらを創造した大林宣彦監督もまた、永遠の存在となってファンの胸に生き続ける。

【外国映画】

「ローマの休日」（一九五三）
初めてこの作品を見た時からオードリーに一目惚れでした。この映画みたいな夢のような出逢いが、ひょっとしたらこれから先もあるかも知れない！　という根拠のない希望を持たせてくれた罪深い作品でもある。

「ベン・ハー」（一九五九）
何をさておいても僕を映画の世界に引きずり込んだ運命の一本。映画と共に生きるぞ～と決意させてくれた奇跡の三時間半。映画の面白さ、ここにあり。

「ウエスト・サイド物語」（一九六一）
シビアな人間ドラマをミュージカルで描くという斬新さと、「歌って踊る映画」でこんなに感動するとは思ってもいなかった中学生の僕であった。

「史上最大の作戦」（一九六二）

叙事詩としての戦争ドラマの傑作。映画を見たあと、原作のノンフィクションも読んだがこちらも圧倒的な迫力があり、第二次大戦史にのめり込むキッカケともなった。今でも古さを感じさせない構成とテンポは大したものである。

「大脱走」（一九六三）

戦争の善悪ではなく、純粋な冒険アクション映画として見て、この主人公のカッコ良さに憧れなかった少年はいなかったと思う。主題歌の「大脱走マーチ」は今でもクルマで走る時の定番曲。

「マイ・フェア・レディ」（一九六三）

恋をしている時に見た映画は一生忘れられないものである。「君住む街角」を聞きながら、好きな子の事ばかり考えてた高校一年生でした。

「男と女」（一九六六）

高校三年生の時、生まれて初めて好きな女の子と二人で見に行った映画。とにかくオシャレでカッコ良く、ウットリとしてしまう恋する男女には最高の作品である。令和二年（二〇二〇）、続編の「男と女 人生最良の日々」を見た。五五年後の二人が描かれていて、これはこれで還暦を過ぎてから見るには身に染みる内容だったが、できればあの時の彼女と一緒に見たかったなぁ……と思ったのは単なるオヤジのワガママです。

「小さな恋のメロディ」（一九七一）
高校の授業中にトレーシー・ハイドに宛ててファンレターを書いた思い出とともにビージーズの歌声が蘇る。まさに青春の一本！
「ボーイフレンド」（一九七二）
ケン・ラッセルとツイッギーの隠れた名作だと思う。ついこの間、衛星放送で見て狂喜乱舞した！　もちろん録画してからしょっちゅう見て歌っている。
「ライトスタッフ」（一九八三）
挑戦し続ける孤高の男たちの物語に泣かされる最高の映画。大阪ＯＳ劇場の大スクリーンで見た迫力も相まって、テーマソングを聞くと今も泣けてくる。常に男は前に向かって前進し続けるのだという自覚を感じつつ、今も年に一回はブルーレイを見て自分を鼓舞している。

以上が、「今の時点」でのオールタイム二〇本である。

こうして選んで見ると、いわゆる芸術映画や高尚なテーマの作品は皆無であり、娯楽映画としての楽しさ、面白さが満載のラインアップとなった。

そして見事に二〇世紀のある時代の作品が並んでしまう事になってしまっている。それも道理でほとんどの作品は、僕が一〇代～二〇代の多感な青春時代に見た映画ばかりなのである！

もちろん、今も数多くの映画と出会ってきているし、忘れられない一本や心に深く残る作品もある。それでもやはり映画の思い出は、自分の人生の節目節目に寄り添っているのだと改めて実感した次第である。

ただし、これは〝六五才の今〟の「オールタイム作品」であり、今からまた年月を経ると、別の二〇本が選ばれる可能性は充分にあるのだが。

こうして自分だけのベストテンを選んで見ると、また映画の違った楽しみ方が増えるはずだ。

今年もいろいろな映画を見てきているが、さて年末にはどんなベストテンとなるか……。

いやぁ、映画ってほんとにいいもんですね！

4

4番スクリーン

大切なことは全て映画館で学んだ

ラジオパーソナリティー誕生！

いつの頃からの性格なのかはわからないが、とにかく小さい時から「人前でしゃべる」事に抵抗を感じない子供だった。

そういう素地があったからかどうか、亀阜小学校六年生になった時に「六年生になって」という作文をラジオに出演して読んだ事がある。

昭和四一年（一九六六）四月、西日本放送のスタジオのマイクの前に立って、生まれて初めて、自分の声をラジオに乗せた。この時も緊張より物珍しさの方が先にたってワクワクしていたのを覚えている。今考えれば、この時からラジオという媒体には縁があったのかも知れないと思うのだが……。

そしていっぱしの映画ファンとなっていた大学三年生の夏、生まれて初めてラジオ番組に出

演した。

地元の新聞社文化部に勤務する父の友人が、「息子さん、映画が好きならラジオでしゃべってみないかな？」と声をかけてくれたのだ。昭和五〇年（一九七五）夏の事である。

NHK高松放送局の生放送ローカル番組で、ミュージカル映画の名作「サウンド・オブ・ミュージック」の楽しさについて地元の映画ファン代表として僕と父が、アナウンサーの司会で語るというもの。これも好きな映画について話せるという嬉しさと楽しさで、あっという間に時間が過ぎたのを覚えている。

ラジオで映画を語る事の楽しさに目覚めたのは、まさにこの時だったようである。ちなみに、この時に司会をしてくれたのが、後に「めざましテレビ」や各番組のキャスターとして人気を得る事になる大塚範一アナウンサー。もちろん、この時はそんな事は思いもしなかったけど。

そして会社員となり、結婚をし、二人の子供に恵まれてからも、相変わらず映画を追いかける日々が続いていく。

そんな時、僕の映画人生を大きく変える、いわば「産みの親」とも言える人と知り合う事になった。当時、高松市内の広告代理店に勤められていた冨井不二夫さんである。

冨井さんは僕と同年同月生まれ。初対面の挨拶で「ゴジラと同い年の冨井です！」と言われた時に「あ、この人とは長い付き合いになるな」という予感がしたものだ。

同世代の冨井さんとはそれから急速に関係が深くなって行ったのだが、何より趣味嗜好が同じというところが嬉しかった。ゴジラ、怪獣、特撮、フィギュア、マンガ、そして飲みながらのバカ話。映画を見た後、居酒屋であーだ、こーだと話す時間も実に楽しいものだった。

そんな彼からの紹介で、西日本放送ラジオの生ワイド番組に出演したのは平成五年（一九九三）一月の事である。

三時間の放送のテーマは「ゴジラ」。ディレクターがゴジラについてラジオで話せる人を探していた時に、冨井さんが僕の名前を出してくれたのだ。そして、この放送で初めて僕は、映画の面白さやそれについての自分の思いや意見を、マイクを通じてリスナーに伝える事の難しさと楽しさを身をもって知った。

パーソナリティーの質問に答える時の内容や、タイムテーブルにのっとって番組を進行するテクニック、リスナーにわかりやすいように伝える技術など、さまざまな事を学んだ三時間だったと言える。

冨井さんはすごくシャイな人で、絶対に自分は前面に出てこない。そのかわり裏方として段取り、ヒト・モノの手配を完璧にお膳立てしてくれて、あとは僕がラジオに出てしゃべるだけという形になる。

二年後の平成七年（一九九五）一月からは、当時放送が始まったばかりのＷＯＷＯＷの映画紹介番組を手配してくれた。

一回五分で月曜から金曜まで放送の帯番組。収録は一週間分まとめて行う。これも好きな映画について話せる楽しい時間だったが、初めてプロの女性パーソナリティーと一緒に進行する事になってかなり緊張した。お相手は菅敦子さん。早口で自分の好きな事だけをしゃべる僕に付き合うのは、かなり苦労したのではないかと思う（笑）。

この年は戦後史から見てもかなり重要な転換点ともなった年だった。

一月に阪神・淡路大震災、三月に地下鉄サリン事件、九月には沖縄米兵による少女暴行事件とまさに激動のこの年、僕は四〇才を迎えていた。

長女は小学五年生、長男は小学一年生。専業主婦の妻と、近くに住む両親との六人家族。相変わらず映画館に通いながら、会社と家と映画館と時々飲み屋街という、ごく普通の映画好きサラリーマンとしての日常を送っていたのである。

いきなりエフエム香川から連絡が来たのは、年明け早々だったように思う。

電話の主はエフエム香川のアナウンサー、中井今日子さん。実は半年ほど前に、中井さんがパーソナリティーを務める番組の「私の好きな映画音楽」というコーナーに出演した事があったのだ。

こちらは、僕の母が知り合いからの紹介で先に出演していて、さて次は誰かいますか？　となった時に「うちの息子が映画好きだから出ると思う」となった訳である。この時は「アラビアのロレンス」というシブい選曲をして作品について三分ぐらいしゃべっただけだったので、単発出演のエフエム香川とは縁がなくなったと思っていたのである。

中井さんともほとんど話した事がなく、何事かと思いつつ恐る恐る放送局を訪ねた。中井さんは僕も驚くほどの筋金入りの映画マニア。明るく理知的な雰囲気を漂わせ、アナウンサーらしくとにかく口調が美しい人。

まぁ、これが僕の映画人生における「育ての親」、中井さんとの初めての出逢いだったのだから、運命とは実に不思議なものである。

聞けば、四月から中井さんのプロデュースで自社製作の映画番組を立ち上げたいという話である。一五分の週一回土曜日放送で、いろいろな映画の紹介や地元映画ファンへの情報提供もやりたいという。そこで中井さん一人でやるよりも、誰か映画好きなもう一人と掛け合いで番組を進行したいので、ついてはぜひご一緒できないか……。

いやぁ～、正直言ってびっくりした！　ラジオで話す事は確かに楽しい事だが、毎週のレギュラー出演とは！

しかし、好きな映画の事を毎週話せる喜びは何物にも代え難いし、ゴルフも釣りもパチンコにも興味がない自分としては、何か新しい事にチャレンジしたいという気持ちもあった。一瞬でそう考えた僕は「ぜひ、やりたいです。よろしくお願いします！」と即答したのだった。

三月から番組のコンセプトを考えたり、進行手順を作ったりという作業が始まり、番組名も「勝手にシネマニア」と決定した。ジャン・リュック・ゴダールの名作「勝手にしやがれ」からインスパイアされたもので名付け親は中井さんである。「産みの親」の冨井さんも交えて、中井さんと三人であれやこれやと話し合いを続けて、三月二九日、水曜日に初収録となった。

プロのパーソナリティーとガッツリの一五分。好きな映画の話とはいえ、タイムキープや相手とのクロストークの間合いとかいろいろとハードルがあり、かなり緊張しつつ話したものである。

そして四月一日、土曜日の午後六時。「スティング」のメロディに乗っていよいよ初オンエア！家のラジオで聞いていた僕は、とにかくホッとしたと同時に嬉しさが湧いて来た。

番組のスタートについてもうひとつラッキーだったのは、勤めていた会社の理解である。収録も放送も勤務時間外だし、高額の出演料をもらっている訳でもなく、あくまでも「個人の趣味の世界」の事である。釣りクラブの会長をしたり、囲碁や将棋クラブの役員をしたりしている人もいて、僕としては業務に支障がない限り個人の自由意思であると考えていたのだ。

ただ、僕の声が毎週ラジオから流れるとなるとヘンに誤解されてもつまらないので、とりあえず直属の上司には出演の旨を報告した。

その時の上司の一言、「それは面白そうやな〜。映画好きな帰来くんにはピッタリや。仕事とは切り離して考えたらいい」……。この一言が大きな後押しとなった。もし、この時に「ちょっと考えもの」とか「あまり派手に動くな」みたいに言われてたら、続いていなかったかもわからない。

「勝手にシネマニア」が始まった頃、中井さんと収録スタジオで一緒に。

結局、放送が始まった平成七年（一九九五）から会社を退職するまでの二四年間にわたり、異動のたびに上司に「これこれこんな事をやってます」と報告し続け、その都度、快く了解をもらってきた。最後の方は社内でも知名度があがって、役員の方からも「聞いてるよ」と言われたり、取引先からも話題を振られたりと、それなりに継続してきた意味はあったように思う。

エフエム香川の自社製作番組で二七年間、続いている番組は「勝手にシネマニア」だけである。

毎週毎週、西宝町のスタジオに通って、中井さんとの映画トーク。令和二年（二〇二〇）一二月五日の放送で、通算一三四〇回を重ねてきた。この間、中井さんも僕も一回も欠席せず、番組も一回のお休みもなく、土曜日の六時から放送され続けている（唯一、平成二三年〈二〇一一〉の東日本大震災時の三月一二日放送分だけは、五日遅れの三月一七日に放送された）。

これはひとえに、エフエム香川の営業や技術の方々、スポンサーの各社、そして何よりリスナーの皆さんの熱いご支援がなければ続かなかったもので、感謝の言葉しかない。さらに、相方の中井さん。素人同然の僕が、曲がりなりにも続けられているのは中井さんのアドバイスと協力のおかげである。とても足を向けては寝られない。

あと、初めてラジオで映画を語る楽しさを知った西日本放送の方は、年に数回ほど生ワイド番組の映画コーナーにゲストとして出演していたが、平成一九年（二〇〇七）からは、生ワイド番組「波乗りラジオ」に毎月最終土曜日の月イチレギュラーとして出させていただいている。実はこの時に初めて「映画ナビゲーター」と名乗ってみたのだが、我ながら恥ずかしかった……。

こちらのパーソナリティーは西日本放送の仁多田まゆみアナウンサー。仁多田さんも〝超〟のつく映画マニアで、番組内でもスタジオ外で会った時も語る語る！

映画への愛情と、キライな作品への毒舌とを大阪弁で聞かされると、生放送中でも吹き出してしまうほど。仁多田さんは局アナとして、多くの映画人やタレントにもインタビューしていて、その際の話がこれまた抜群に面白い。まぁ、ちょっと誰にも言えないような話ばかりですが（笑）。

そして、さすがに二五年間も毎週ラジオで声が流れていると、こちらの知らない人から話しかけられる事も時々ある。名前も特徴的だし、声が似ているのなら本人だと思うようだ。そんな時は、何となくくすぐったい感覚がすると同時に、ラジオを聞いてくれてるんやな〜と思うとちょっと嬉しい気分にもなる。

小学校六年生で初めてラジオのマイクの前に立ってから五四年。中学三年生の時に「ベン・ハー」で映画に目覚めて五一年。

まさか、好きな映画とラジオとがこれほど融合して、僕の人生に関わってくる事になるとは想像した事もなかった。不思議なものだとつくづく思う。

そして六五才の今になっても、映画館に通って、毎週ラジオのマイクの前に立つことが楽しくて仕方がない。

まだまだ話したい映画の話題や、聞いてもらいたいエピソードは山のようにある。これからも「映画を見て、その素晴らしさと面白さを多くの人に伝える」事を人生の喜びとしていきたいと思う。

では、次のステップに向かって、三、二、一、キュー！！

プロフェッショナルな人たちとの出会い

今でこそ、映画関連のいろいろな出来事に首を突っ込んでいるけれど、所詮は地方に住むアマチュアの単なる映画ファンであり、プロの映画人と交流を深める事がそうそうあるわけではない。

転機は、やはり平成七年（一九九五）からスタートしたラジオ番組「勝手にシネマニア」である。

地元FM局の映画情報番組という事で、香川にやってくるいろいろな映画関係者、ロケ隊にインタビューしたり、記者会見に案内されたり、撮影見学の機会があったりと、活動の幅がかなり大きくなったのは、ほんとうに嬉しい事だった。

番組開始以降、実にたくさんの映画人と知り合う事ができたし、貴重な映画製作の裏側も少

しではあるが知る事もできた。映画ファンとしてのプライドも少しは保てたという事になるのかも知れないが……。

実は初めて、マスコミ関係者として記者会見に臨んだのが、あの宮崎駿監督の会見なのである。

平成九年（一九九七）、「もののけ姫」のキャンペーンで高松に来られた時の話だ。今でこそ、〝超大御所〟となり、全国キャンペーン行脚などするはずもないだろうが、当時はまだ、今ほど、ジブリ作品が国民的認知度を持っていなかったのだ。だから宮崎監督自らが、地方を回ってまで宣伝に努めていたのである。

高松市内にある高松ケーブルテレビのスタジオで行われた記者会見には多くの県内メディアが参加していた。会見の前に試写会も行われていて、作品を見てからの会見という段取りだったように思う。

宮崎作品については「ルパン三世　カリオストロの城」からのファンだった僕は、ちょっと気難しそうに座っている宮崎監督を正面から見る位置に座った。何人かの参加者から質問が出て、監督はひとつひとつ丁寧に答えていた。

僕はここで何か声を上げなければ、せっかくこの場にいる意味がないと思い、意を決して手を挙げた。

「『風の谷のナウシカ』にも『天空の城ラピュタ』にも破壊シーンがあります。また戦車や軍用機に関する連載もお持ちですが、監督は徹底的な破壊のあとにしかユートピアはやってこないとお考えですか？」と、エラソーに聞いてしまってから「マズイかな？」と思ったが、もう後の祭りだった。

宮崎監督はすぐに反応した。

「あのね！　僕が言いたいのは必ずしも破壊が必要だという事じゃないの！　愚かな人間はそういう過程を経なければ覚醒しないという事が言いたい訳ですっ！　決して戦争映画や兵器を肯定してるんじゃないですから！」

一息でそうおっしゃられると僕の方を見て「それでいいですか？」と言われた。僕は「ありがとうございました」としか返せず、記者会見はそれで終了した。いやぁ〜、今考えると冷や汗モノだね！

「勝手にシネマニア」の番組企画としては、年に一度、当時のワーナーマイカルシネマズ宇多津を会場にして「『勝手にシネマニア』スペシャル企画　シネマ&トーク」というイベントを開催した。

古今東西の名作上映と多彩なゲストとのトークで構成され、僕も大勢の番組リスナーの方たちと会ったり、ゲストの映画人の方たちとの交流をしたりと本当に楽しいイベントだった。字幕翻訳の戸田奈津子さんを皮切りに小堺一機さん、清水ミチコさん、浜村純さん、佐野史郎さん、坂口憲二さん、久石譲さん……。

しかし、このイベントのゲストとして初めてお会いしてから、今に至るまで中身の濃いお付き合いをさせていただいているのは、何と言っても大森一樹監督である。

最初にお会いした時から意気投合して、ホテルの部屋で明け方まで映画の話で盛り上がったのだが、それも当然で、監督と僕の「映画のルーツ」には多くの共通点があるのだ。

まず、年齢が三才違いでほとんど同年代である事。六〇年代から七〇年代の多感な青春時代に、邦洋問わずとにかくたくさんの映画を見ている事。そして二人とも京都で大学生活を送っている事などなど。だから監督の飾らない性格も相まって、マニアックな映画の話題が出るわ出るわ！

そんな訳だから飲んで話してるといつのまにか、「監督、あの映画知ってますか？」とか、「帰来クン、この話は知らないだろう！」といった映画オタククイズバトルが延々と続く事になるのだ。「『荒野の七人』で死んだガンマンの順番を役名で答えられるかな？」と聞かれた事もあるし、年賀状に「『仁義なき戦い』シリーズで二回以上出演した俳優とその役名を答えよ」と書かれていた事もあった。

「白川和子主演のロマンポルノを五本以上答えよ」なんてのは序の口で、「『史上最大の作戦』

のポスターに出ているスターたちの名前を順番に答えていって詰まった方が負け」とか……。

極めつけは二人が大好きな「大脱走」に関するクイズ。脱走したスターの順番からマックィーンの乗るバイクのナンバー、掘ったトンネルの愛称とその長さまで超マニアックなやりとりが延々と続いたものである。


そして地元出身の映画人の方たちとも、ご縁ができていろいろと楽しいお付き合いをする時間ができたことも嬉しい出来事だった。

まず、丸亀市ご出身の本広克行監督。

最初にお会いしたのは、平成一六年（二〇〇四）に、「サマータイムマシン・ブルース」のロケが善通寺の四国学院大学で行われた時だ。この時は、主演の瑛太と上野樹里の記者会見にも参加して、ラストシーンの撮影風景を見学したりした。

本広監督はとにかく〝気配りの人〟である。いつお会いしてもニコニコと笑顔で、周囲を和ませる雰囲気を醸し出している。だから撮影現場も和気あいあいとしたムードで進行していく。

翌年に劇場公開された時、高松市のホールソレイユで舞台挨拶があり、僕と中井今日子さんとで司会をした。この時は本広監督の他に出演者も登壇したのだが、その時のメンバーが瑛太、真木よう子、ムロツヨシという、今から考えると超豪華メンバー！

「映画館近くのうどん屋で真木よう子とムロツヨシに挟まれてざるうどんを食べた」と言っても、最近の若い連中はあまり信じてくれないのだが(笑)。

本広監督には、その後、「UDON」「曲がれ！スプーン」と続く香川県ロケ作品のたびに、撮影現場へお誘いいいただいた。地元ファンとしては、何とかもう一本、香川を舞台にした作品を撮ってほしいと思うのだが……。

「釣りバカ日誌」の朝原雄三監督は高松市のご出身で、僕と同じ高松高校の卒業生でもある。

平成一五年(二〇〇三)の秋に、母校高松高校が監督をお招きして講演会を開催したのだが、シャイな朝原監督が「一人では場がもたないので、誰かと対談形式にしてください」と言ったらしく、僕に聞き役としての白羽の矢がたった。その講演会の後、二人で飲みに行って楽しい時間を過ごしてからのお付き合いという事になる。

年齢は僕の方が一〇才年上なのだが、高校時代の思い出はよく似てるし、何より、松竹の社員監督という立場から、今の日本映画界の現状や裏話が聞けるのが実に興味深い。

ただ監督は、「釣りバカ日誌」が第一作目以来、一度も香川県でロケをしていない事を非常に残念がっていて、「何とか香川に浜ちゃんを連れてきたい」と言っておられたのだが、結局実現はしなかった。

そのかわり、平成二一年(二〇〇九)のシリーズ最終作「釣りバカ日誌 ファイナル」のキャンペーンで、西田敏行と一緒に高松で記者会見を開いてくれた。この時、監督が僕に「これで、ホントにちょっとだけですけど浜ちゃんをお連れしました」と言ってくれたのは、監督ならではのお気遣いだったと思う。

そして何と言っても、香川県出身の映画人で忘れてはならない人がいる。舞台、テレビ、映画と大活躍の女優、高畑淳子さんである。

実は彼女とは、高松高校の同窓生という間柄だ。残念ながら同じクラスになった事はなく、僕が三年一組で彼女が三年二組という関係である。

ただ、当時から「二組の高畑」といえば有名だったのだ。キリッとした大人っぽい顔立ちとスレンダーなスタイル。抜群に成績が良かったのに、ざっくばらんで実に楽しい性格というのが、隣のクラスにいた僕の感想である。

高校三年生の秋に、彼女と仲の良かった同級生三人が授業をサボって、「ゴッドファーザー」を見に行って生徒指導の先生に捕まったという有名な話もあるが、当時はまさか女優になるとは思ってもいなかった。

昭和五四年（一九七九）に高松市民会館で、西田敏行主演の「欲望という名の電車」の舞台公演があり、彼女も出演するというので、同級生たちと連れだって見に行った。結局、三時間の舞台の中で彼女の出番は終盤の三分間だけ……。「あれ、もう終わり？」と思ったものだったが、後年、彼女も「あの時はせっかく故郷での舞台やったのに、出番が少なくて悔しかった」と言っていたほどだった。

平成一一年(一九九九)には、高松高校で「卒業生講演会」が開かれた。彼女がステージに上がって「私の事、知ってる人は手を挙げてください!」と投げかけたら、全校生徒のうち、パラパラとしか手が挙がらなかったのを覚えている。

女優・高畑淳子が大ブレイクするのはそれから数年後の事だ。平成一五年(二〇〇三)放送のテレビドラマ「白い巨塔」の東教授夫人役の演技や、明石家さんまのバラエティ番組でのぶっちゃけトークの面白さが話題になり、それからの大活躍はご存じの通りである。

僕の周囲の人は「高畑さん、あんなに美人で演技派なのに、トーク番組のしゃべりがむちゃくちゃ面白い!」と今さらのように言っているが、彼女はテレビだろうが、プライベートだろうが、全く変わらない。

高松でロケがあったり舞台があったりする時は、同級生たちが楽屋に押しかけてワイワイと話すし、時間が許す限り、同級生たちとの飲み会にも顔を出してくれる。

平成二七年(二〇一五)一月、人気バラエティ番組「ぴったんこカンカン」のロケが高松市内で行われ、「同級生たちと飲みながら盛り上がる」という設定で、僕も参加する事になった。

参加者は僕、西山正寛、土居譲治、大石泰輔、泉暁美、それと自分の経営する割烹「銀波亭」

をロケ場所として提供した古市哲也の六人。司会は安住紳一郎アナウンサー。

　この時の収録時間は一時間半ほどだったが、放送されたのはそのうちの一〇分間のみ！　それでもテレビ番組という事を忘れて、みんなでワイワイと思い出話で盛り上がったりと実に楽しい時間だった。

　彼女の演技力や存在感は、今さら素人の僕がどうという事でもないが、できれば「映画」での代表作を撮ってほしいと思うのだ。

　テレビも舞台もいいが、映画ファンとしての僕は、やはり映画女優としての彼女も見てみたいのである。あとは激烈な芸能界で、同級生の星として、体にだけは気をつけて益々の活躍を祈るのみ！　頑張れ〜！

どんなに忙しくても高松に帰ってきた時は必ず同窓会に参加してくれる高畑さん。

ラジオに出演し始めてから二五年。

　実にたくさんの映画人の方々と出会い、交流を重ねてきた。

彼ら彼女らは映画演劇界の第一線に立つプロフェッショナルであり、僕は地方に住む一介の映画ファンに過ぎない。しかし、「映画」の前では同じ夢を見ているのである。映画という夢の祭りに自らのアイデンティティを求めている事に変わりはないのではないか。映画の全てを愛するという次元においては一緒なのではないかと思う。

六五才の今も、まだまだ好奇心は旺盛である。

いろいろな人との出逢いによって、知らない世界を覗く事ができたり、新たな刺激が得られるかもわからない。

いや〜、実に楽しみな事ではありませんか！

素晴らしきコレクター人生

六五才という年齢は、野球の試合でいうと七回の表ぐらいかなと思う。

試合全体の三分の二を過ぎてまだまだ大逆転も可能な局面、新しい仕掛けをしたり新戦力を投入するには、もうあと二イニングしか残っていない……。

人生八〇年時代から九〇年代時代へと延びつつあるとは言え、同年代の友人たちからは「断捨離」とか「人生の終活」などというフレーズが出たりする年頃なのだ。

身の回りを整理して所持品や所有物に一区切りをつけるというのが、高齢者のやるべき事だと言うなら、僕の場合は、まったく逆のコースをたどっている。整理して減るどころか、この年になってまだまだ増え続けているのである。

衣服や装飾品、家具やインテリア、調度品にはまったく興味がないので必要最小限のものしかなく、流行やトレンドには縁がない。では何が増え続けているかというと……「本」である！　映画を筆頭に、飛行機、歴史、ミリタリー、SF、アイドル、音楽、昭和レトロ文化などの愛してやまない分野の「本」や資料がどんどん増殖し続けているのだ。

とにかく小さい時から「モノを捨てられない少年」だった。教科書、ノート、宿題プリント、学校からのお知らせなど全部を一年間残しておいて、学年末に捨てるモノと残すモノを分けていた記憶がある。

そんな訳で、亀阜小学校から紫雲中学校にかけては、作文、賞状、通知表、落書きノートの全てが今も残っている。高松高校の三年間についても同様で、教科書、ノート、テスト問題、配布プリント、通知表から予定表、といったもののほとんどを残している。

さらには友人から来た手紙や年賀状といった類いも、小学生時代からのモノがかなり残っているが、何より、増え続けているのは日記帳と写真アルバムである。

日記は小学校一年生の冬休みから断続的に書いていたのだが、四年生の時、担任の先生に文章教育の一環として毎日書かされていた事で、書く事自体が面白くなり、以来五六年間にわたって「一日も欠かさずに」書き続けている。

大学ノートは六二冊目。「毎日、何を書くの?」とか、「後で読み返してどうするんな?」とよく聞かれるが、毎日、生きているんだから書く事はいくらでもある。読み返すかどうかは別にして、とにかく書かなければ一日が終わらないのだから仕方がない。

あとアルバムである。

スマホやデジタル時代の今になっても、事あるごとに写真を撮り、生活の記録として必ずプリントして、アルバムに貼り付けているのだ。実は両親もキチンとアルバムを整理していて、二人がそれぞれ幼かった頃、つまり昭和初期の写真から残っている。

そして、僕はと言えば生後一週間の時の写真から始まり、六五才の今までの写真が二〇〇冊近いアルバムに詰まっている。

高校生になってからは自分でアルバムを編集し始めたのだが、その時々の家族との団らん、友人、旅行、イベント、飲み会といった全ての記憶がここにあるのだ。捨てられる訳がない。どころか、まだまだ増え続けていく事は間違いないと言える。

さらに、音楽や映画好きの僕としては、CDやブルーレイもまだまだ買い続けている。

最近は音楽や映画も「配信」という新しいツールが全盛なのだが、アナログな僕としては、どうしても今ひとつノリきれないのだ。円盤を手元に置いておきたいという強い思いが捨てられないのである。

結果として、CDは六〇〇枚、DVD、ブルーレイで四〇〇枚が棚に入っている。さらには「捨てられない性格」なので、小学生から買い続けてきたアナログのシングルレコード、LPレコードが計三五〇枚、さらには夢中で録音したカセットテープが五〇〇本ほど残っている。

実はこの他に、テレビ番組や映画を録画したVHSテープが八〇〇本ぐらいあったのだが、さすがにこちらの方は、自宅を建て替えた時に処分した。

あと、大量にあるのは、プラモデルとシリーズ物のフィギュアである。

小学生の時からプラモデルマニアであり、買っては作り、作っては壊れ、壊れて捨ててはまた買って……の繰り返しで五〇年以上。

作るのは全てが飛行機。大人になってからは、欲しいアイテムは発売されると同時に即買いしてきたが、そうそう次々に作れる訳もなく、その結果、今は段ボール四箱ほどの未開封・未組立てキットとフィギュアがクローゼットに眠っている。これもいつかは必ず作るつもりなので、絶対に捨てるつもりはない！

さて、「本」である。

最近は電子書籍なるモノが幅を効かせているようだ。街中でも、タブレットやスマホの画面を見ながら〝読書〟している人たちをよく見かける。

しかし、どうもこの風潮にはついていけない。

僕は紙に印刷された活字を読み、ページをめくりたいのである。本の厚さと重さを抱きしめたいのである。電子化すれば、驚異的にスペースを節約でき、どこでもいつでも気軽に読書できるという利点ももちろん知っている。そのうえでやっぱり僕は、本を蔵書として本棚に置き、そこから本を取り出して読みたいのだ。

平成二四年（二〇一二）、両親が建てた家も築後三〇年以上を過ぎて傷みがひどくなってきたのと、子供たちの独立や、妻を亡くして一人となった自分の定年後の生活スタイルも考えたうえで、思い切って家を建て替える事にした。

もともとが狭い土地のうえに、建ぺい率や容積率、何より予算の問題もあって制約は大きかった。それでも僕が最後までこだわったのは、今までの「捨てられなかったモノ」と、これから増え続けるであろうアルバムや本や日記や、ブルーレイ、プラモデルの「完全収納」だった。

三階建てのうち二階部分をすべて自分のスペースとして使える訳で、建築担当者に言ったのは「本や資料やもろもろに囲まれた図書館みたいな家にしたい」という事だけ。担当者が持参した最初の案ではとても全てが収まりきらず、何度も打ち合わせをした。

「ベランダの幅を三〇センチ縮めたら、部屋がそれだけ広がります」「縮めましょう！」とか、「駐車場を敷地内にとったら一部屋なくなります」「クルマは外に駐車場を借りますので部屋はそのままで！」といったやりとりがあったのだが、極めつけはこんな話である。

二階にかなりのスペースがあったので「ここは何ですか？」と聞いたら、「そこは帰来さんのベッドスペースです。ベッドとデスクがゆっくり入ります」との事。それを聞いた途端、即座にこう言ってしまったのである。「そこ、ベッドいらないので全室、書庫にしてください！四方の壁だけでなく部屋の真ん中に天井までの作り付けの書棚を作ります。図書館みたいに！」。担当者が「ど、どこで寝るつもりですか？」と聞くので「二階の余ったスペースの床にフトン敷いて寝ます」と言うと、かなり驚いていた事を思い出す。

結局、今も僕は、デスクと書棚の間にフトンを敷いて寝ている。その結果、全ての本や資料が書棚に収まったうえにまだ余裕があり、この選択には充分に満足している。

『キネマ旬報』が五〇年ちょっとで一三〇〇冊、『航空情報』『航空ファン』などの航空専門誌が約六〇年分で七〇〇冊。ハードカバーが六〇〇冊、文庫本が三〇〇冊。新書が二〇〇冊にコミックが一〇〇冊。写真集やムック本などの大型本や全集が約六〇〇冊。

といっても何も特別な本がある訳ではない。どれもがどこにでも売っているごく普通の本である。強いて言えば、達筆な筆遣いで流麗に書かれた小松左京のサイン入り『日本沈没』上下巻と、初めて漢字を書いた小学生みたいな金釘流の星新一のサインがある『おかしな先祖』ぐらいだろうか。

そして、東京や大阪の古書店をコツコツと回って買い集めたいわゆるヴィンテージ本が約五〇〇冊あるが、これらは特に思い入れが深い。

『月刊明星』『月刊平凡』『週刊プレイボーイ』や『平凡パンチ』のバックナンバーから、昭和三〇年代の主流だった少年月刊誌『少年ブック』『冒険王』『少年画報』、そして『少年マガジン』『少年サンデー』や『ボーイズライフ』、果ては『小学四年生』などの学年雑誌まで、昭和カルチャーを体現する雑誌をひたすら買いあさっているのだ。

映画資料が並ぶ本棚。こんな本棚があと10面ある。

さらには高校時代から買い続けていた音楽雑誌『ヤングギター』や『新譜ジャーナル』『GUTS!』『明星ヤングソング』もしっかりと残っている。

当時は一冊五〇円とか一〇〇円で買っていた雑誌を、五〇年後に一冊数千円から一万円以上で買い戻しているのだから、どうかしていると言われればそれまでだ。

子供たち二人は、自分も趣味にハ

マって爆買いする経験もあるから別に何も言わなかったが、妻だけには「ほんとにそれだけはようわからん！　どうせ買うんなら新しい本にしたらええのに……」といつも言われていたものだ。

そのブレーキ役としての妻が亡くなってからは、歯止めをかける人が誰もいなくなり、ますますエスカレートしたという事は言えると思うが……。

ここまで、いろいろとたくさんの本や資料が増えた――という事を書いてきたが、実はここからが本題なのである。肝心の映画関係のモノがまだあるのだ。

――それが「映画パンフレット」だ。

実は本や資料に加えて映画パンフレットが約一二〇〇冊以上、洋画邦画別・五〇音別で書棚に並んでいるのである。

自他共に認める映画ファンとして五〇年以上を過ごしてきた僕であるが、映画関連グッズについては、ほとんど収集していない。ただ唯一、人に自慢できるコレクションと言えそうなのが、自分の見た古今東西の映画を解説したパンフレットの数々である。

映画のさまざまな情報がいろいろなメディアを通じて入手できる今の時代と違って、かつては映画の全てを知るにはパンフレットを読むのが一番手っ取り早い方法だったのである。

まず映画を見る数日前に映画館入口でパンフレットを買って帰る。作品の解説やスタッフ、キャストの紹介、製作のウラ話などを読む。もちろんストーリー部分は読まない、そして「見るぞーっ！」という気分を高めてから映画館へ走る。見終わった後は、前売券の半券や雑誌に掲載された作品評の切り抜きなどをパンフレットの裏側に貼り付ける。

まぁ、要するに一本の映画の自分なりのデータベースみたいなものだ。

一番最初に買ったパンフレットは、昭和四二年（一九六七）公開の「サンダーバード」。中学一年生の時である。半世紀以上過ぎた今でもパラパラとめくると、眼を輝かせて見入っていた少年時代が思い出されて涙が出るほど懐かしい。

どのパンフレットにも映画の思い出と同時に、それを見た映画館やその頃の記憶が凝縮されている。それは映画情報の記録であるとともに、僕の人生の一断面を表すクロニクルのようなものといってもいい「宝物」なのだ。

一九七〇年代前後のパンフレットというと、二色刷りの薄～いヤツなら一〇〇円で、カラー写真が豊富で厚くなると二〇〇円という相場だった。

そして僕の手元にある当時のパンフレットのほとんどが洋画である。というのも、その頃は日本映画のマトモなパンフレットなんてなかったのである。ちなみに手元にある一番古い日本映画のパンフレットは昭和四四年（一九六九）封切の東宝映画「日本海大海戦」である。

一九八〇年代に入ると、さすがにオールカラーとなり、情報量も格段に増えてくる。昭和五五年(一九八〇)公開の「ファイナル・カウントダウン」は日本で初めての五〇〇円パンフレットだったはずで、眼が飛び出るほど高かったという記憶がある。もちろん買ったけど。

この頃のパンフレットに関する思い出はいろいろある。

上映前に買って座席に置いてからトイレに行き、帰ってみるとなくなっていて泣く泣く二冊目を買ったのが「野性の証明」。封切時に売り切れで買えず、事あるごとに古書店を回った結果、公開から三年後に大阪梅田の映画ショップでやっと見つけたのが大林宣彦監督の「ふたり」。当時は映画館で買えたのに、今は諸般の事情で二度と陽の目を見ないであろう超マニアックな作品等々……。

今、ネットで映画パンフレットの価値を調べてみると、「初公開時の映画館名が入っているもの」とか「かつては売れない役者だったのに今や超有名スター」といったものが高額の条件らしい。クリント・イーストウッドの初期のマカロニウェスタンなど、条件によっては数万円で売買されているようだ。

僕が持っているパンフレットで一番価値があるのは、ジュリアーノ・ジェンマ主演で昭和四六年(一九七一)に公開された「特攻大戦線」というB級戦争映画。多分、ほとんどの人が知らない一本だが、このパンフレットが七〇〇〇円らしい。よく買ってたな～と我ながら感心してしまいます……。

　こんな映画パンフレットが思わぬ方向で陽の目を見たのが、平成二六年（二〇一四）晩秋の事である。

　エフエム香川から電話があり、「サンテレビの人が帰来さんに連絡をとりたいとの事だが、携帯番号を教えてもいいか」との事。サンテレビといえば神戸のテレビ局。阪神ファンの僕としては、大変お世話になっているありがたいテレビ局である。

　何事かと思い、連絡を待っていると、ディレクターから電話がかかってきた。「年末特番で映画の紹介をやるのだが、その際に『映画パンフレットコレクター』としてぜひ紹介したい」という話で、もちろん一も二もなくOK！

　聞けば、ネットでいろいろと映画情報やパンフレット関係をサーチしているうちに「勝手にシネマニア」や『高松純情シネマ』に行き当たったらしい。

　大量のパンフレットを所蔵しているという情報もそのあたりからのようだった。ネットって恐ろしい……。とにかく、何度かのメール連絡を経て一一月末に収録となった訳である。

　当日は神戸から番組ディレクター、カメラマン、音声さんと三人が狭い我が家にやって来た。

　番組は「正月映画大百科」というタイトルの九〇分番組で、スタジオ司会は映画コメンテーターの有村昆さん。直接に絡むのではなく、番組内の「パンフレットコレクター」のコーナーでVTR出演という形である。収録自体は大変楽しく、僕も久々にパンフレットや映画への思いをしっかりとしゃべらせてもらった。

映画本やパンフレットだけでなく、我が家のインテリアや書棚がしっかりと画面に映り込んでいささか恥ずかしかったが、オンエアを見ると、まあまあだったかなぁと一人で悦に入ったものである。収録三時間でオンエアは七分間。そんなもんでしょう(笑)。

それでも自分のパンフレットがこういう形で紹介されたという事は大変嬉しいもので、コレクションの正当性と価値が一気に高まったような気がしたものだった。

もちろん、こういったパンフレットを売るつもりは全くない。僕にとっては大切な記録であり、思い出のデータなのだから。

しかし、実はここ数年、パンフレットの購入率が下がりつつある。理由は二つ。まず、いわゆる「映画チラシ」とインターネット情報の充実度がある。かなり手の込んだものもあるし、ネットではあえてパンフレットを買わなくても、その数十倍ぐらいの情報量が溢れている。

もうひとつはパンフレット自体の質の低下である。

キャスト紹介、解説と見所、絶賛の批評文とどれもが紋切り型なのだ。安くても七〜八〇〇円ぐらいで、高いものなら一〇〇〇円は超えようかというモノも多くなってきた現在、パンレットそのものに価値がなければなかなか手が出ないというのが現状なのである。それでもここぞ！　という作品は買いますけどね！。

パンフレット以外にも、映画に関する新聞や雑誌記事のスクラップやチラシの数々などが、A４のチューブファイルで四〇冊ぐらいある。

とにかく、「捨てられないオヤジ」であり「まだまだ買い続けるオヤジ」なのだ。

二階のほぼ全フロアに収納されているこれらの本や雑誌やもろもろを見るたびに、息子や娘に聞かれる。「これ、お父さんが管理せんようになったらどうするん？」——。答えはいつも決まっている。「そんなん、知らん！　二人で相談して、焼くなり捨てるなり売るなり好きにしたらええがな～」である。

好きなモノは好き、イヤなモノはイヤ。今、この部屋にある全てのモノは、僕の愛すべき人生の友人であり、心の友なのだ。何とありがたく心強い事ではないか！

映画を見て映画を語る事が人生最大の楽しみというのと同じように、本やBD、アルバム、日記帳もまた、たくさんの思い出とともに、これからの僕の人生にも寄り添い続けていってくれるのだ。

収納スペースには充分に空きがある。

ますます先が楽しみになってきた。

進化する映画鑑賞方法

映画ファンとして、「映画は映画館で見る」事にこだわるのは当たり前の事である。

しかし、その一方で、大スクリーンと良質の音響システムが完備された映画館ではなく、我が家の小さな部屋で映画を見る事、つまり「好きな映画を好きな時に好きなだけ味わう」という行為もまた捨てがたい魅力に溢れているという事実も知っている。

もちろん、スクリーンに映し出される光と影の芸術こそが「映画」であり、液晶画面に電気的に投影される映像はあくまでも「テレビ画像」に過ぎず、厳密に言えば「映画」ではない。

しかし、好きな作品を好きな時に楽しむというのは、映画ファンにとって何物にも代え難い究極の喜びである事は間違いない。さらに、もう二度と映画館で見る事はないだろうという古

き良き時代の名画というのは、ＤＶＤかブルーレイでしか鑑賞できないという時代でもある。ただ、最近の傾向である、映画をスマホやタブレット、パソコン画面で見るのが便利で手軽という風潮にはまったくついていけない。とにかく画面が小さい！　スクリーンで見ることを前提に作られた映画はできるだけ大きな画面で見たいというのが僕の思いなのである。

映画にハマってから五〇年、六五才の今日まで、何千本もの映画を映画館で見てきた訳だが、それと同時にテレビやビデオで見てきた映画も、僕の中では同じぐらいの大きな比重を持っている。

我が家に、一四インチ白黒テレビがやってきたのは昭和三四年（一九五九）の暮れである。ご多分に洩れず、両親が、その年四月に行われた皇太子（現上皇）と美智子妃（現上皇皇后）とのご成婚パレードをテレビで見て感動した事が理由だ。僕が四才の時である。

昭和四六年（一九七一）、高校二年生の春に一六インチのソニートリニトロンカラーテレビに買い換えた。この頃にはもう完全に映画マニアとなっていて、映画館と同じように「カラー画面」で映画が見られる事が奇跡のように思えたものだった。

そんな訳で高校から大学、社会人となっても、「カラーテレビで放送される映画」を楽しんでいたのだが、時代は大きく変わろうとしていた。――「ビデオデッキ」の登場である。

昭和五五年（一九八〇）四月に結婚式を挙げた際に、披露宴の撮影を依頼した知り合いの電気店がナショナルの専門店だったので、必然的にVHSでの録画となった。この時点でデッキを買うならVHSと決めていたのだが、後の「VHS×ベータマックス戦争」を考えると実に賢明な選択ではあった。

そして、その年の暮れに、外出していて帰りが遅くなりテレビ放送された洋画劇場を見逃すという痛恨の事態が立て続けに起こり、どうしてもビデオデッキが欲しくてたまらなくなった。

知り合いのビクターの担当者に聞くと、「ビクターVHS　HR6500」なら定価二一万五千円のところを一六万七千円に値引きできるという。当時の大卒初任給が一二万円ぐらいだから、かなり高額ではある。

カタログには「タイマーセットで心おきなく残業や旅行ができます！」とか「見たい番組が重なったら裏録でバッチリ！」とあった。「なんでそんな高いモノがいるんな〜！」とシブる妻を「料理番組も録画できるから！」とか何とか説得して、ついに昭和五六年（一九八一）一月、我が家にビデオデッキがやってきた。

この年は、イギリスではチャールズ皇太子とダイアナ妃が結婚、アメリカではレーガン大統領が狙撃され、国内では「窓ぎわのトットちゃん」がベストセラーとなり、ピンクレディが解散している。

そんな中で、僕のビデオデッキ初録画番組は「日曜洋画劇場」で放送された「2001年宇宙の旅」だった。

もちろん、カットあり、CMあり、トリミングあり、吹替という「テレビ版」だったのだが、スクリーンでしか見られなかった宇宙船ディスカバリー号の勇姿が好きな時に見られるという事に深く感激した僕は、飛行シーンやスターコリドーのシーンを何度もコマ送りで確認したりしたものである。

それからは嵐のように、テレビ番組を録画した。映画、ニュース、ドキュメンタリィ、バラエティ……。全て三倍モードの六時間録画。画質や音質はあまり気にならず、何より映像が繰り返し楽しめるのが一番のポイントだったのだ。

しかし、そんな愛着の深い初代デッキとは、心ならずもわずか一〇ヶ月で別れる事になる。

晩秋の一一月のある夜、家に帰ると何だか居間の様子がおかしい。朝の情景と比べて何となく違和感があるのだ。どこが変なんやろ……？　と思った次の瞬間、その原因に気づいた僕は思わず大声を上げた。「ビ、ビデオがなくなってる〜！」

当時の僕は、両親の住む実家の隣に家を借りて妻と住んでいた。妻も僕と同じ会社に勤務していたので、朝から夕方まで家には誰もいない。その日はたまたま僕が先に帰宅して異変に気づいたのである。

テレビや録画済みのテープはちゃんと残っていたが、接続ケーブル、リモコンと併せて本体がゴッソリ盗られていた。玄関の鍵を開けて侵入し、また鍵を閉めて出て行ったらしく、空き巣にもナメられたもんである。

せっかく年末年始の番組を大量に録画しようと思っていたのにアテが外れて、完全に気落ちした僕だったが、同情したビクターの担当者が会社にあったデッキを貸してくれて大変ありがたかった事を今も覚えている。

結局、二ヶ月後の昭和五七年（一九八二）一月、その担当者の人が手配してくれた、ビクターの展示会でデモに使われていた同じ型番のデッキを安く手に入れる事ができた。今度は一二万円だった。とにかくこの時は、もうビデオがなければ生きていけないというぐらいのテンションだったのである。

昭和五八年（一九八三）になると、また次の波がやってきた。

大量の録画した映画を見ていると、「カットあり・トリミングあり・CMあり・吹替あり」のバージョンに段々と耐えられなくなってきたのである。

東京ディズニーランドが開業し、テレビでは「おしん」が大人気。ファミコンが発売された り、校内暴力で荒れる全国の小中学校の卒業式に警官が警備に当たるという八〇年代中盤。営業マン六年目、結婚生活三年目を迎えていた二八才の僕は、ついに「セルビデオ」の世界に足を踏み入れてしまったのだった。

レンタルビデオ店などない時代、一大決心をしてビデオ専門店のドアをくぐった。何が「一大決心」かというと、実は当時のセルビデオはメチャクチャに高価なモノだったのである！

まず手始めに東宝の特撮映画を三本買った。円谷英二・本多猪四郎の「地球防衛軍」が二万五千円、戦記映画「太平洋の嵐」が二万九千円、そして初公開当時から大好きなパニック大作「日本沈没」に至っては何と三万二千円！　画面トリミングの二時間物ＶＨＳビデオ一本でこのお値段！　スゴイ時代だったものである。

この年の大卒初任給が一三万二千円ぐらいだから、令和の今なら一本が四万～五万円というところか。もちろん、妻には内緒だった。まぁ、すぐにバレて一悶着あったけど……。

しかもこの頃のセルビデオには割と不良品が多かった。

再生画面がずーっと細かくブレ続けているものや、パッケージには「収録時間一〇九分」とあるのに、中身は何の手違いか、その映画のダイジェスト版が七〇分ぐらいしか収録されていないというヒドいものもあって、その都度、店に持っていって交換してもらったが腹が立つやら、情けないやら……。

それでもお気に入りの「日本沈没」が好きな時に好きなだけ見られるという嬉しさは何物にも代え難いものではあった。結局、邦画洋画あわせて全部で一〇〇本ぐらいのセルビデオを買ったのだから我ながら感心してしまう。

昭和五九年（一九八四）にはハイファイビデオを購入。既存のビデオデッキと接続して、テープのダビングができるようにセッティングした。レンタルビデオ店も増えてきて、そこからは借りてきたビデオを片っ端から家のテープにダビングする事になる。まぁ、著作権もユル〜い時代ではあった。

確か一泊二日のレンタル料金が一五〇〇円で、二時間生テープが一本五〇〇〇円ぐらいだったと思う。とにかく高価なセルビデオを買わなくて済むのだから、二〇〇〇円ぐらいで好きな映画が手元に置いておけるのは魅力的だったのだ。このテープが約八〇〇本ぐらいたまっていたという訳である。

平成に入ると、セルビデオは信じられないほど安価になった。ビデオデッキは何代目かのものとなり、「ハイファイ」とか「S—VHS」が当たり前になった。そして、それを見る我が家のテレビも三二インチの大型テレビへと進化していく。

平成八年（一九九六）には、地元高松市にケーブルテレビ局が開局した。映画やスポーツの多チャンネルはすごく魅力的なコンテンツであり、何をさておいてもという感じですぐに加入した。これでますます「好きな映画を好きなだけ見る」という喜びが増えていく。

そして、長女が社会人一年生として第一歩を踏み出し、長男が大学生になって大阪で学生生活を始めるという、我が家にとってはひとつの節目となった平成一九年（二〇〇七）、時代の流れに抗しきれなくなったのと、愛すべきオードリー・ヘプバーンの「マイ・フェア・レディ」がＤＶＤとして発売されたのを機に、ついに「ＤＶＤの世界」へと足を踏み入れる事になった。

その頃はエフエム香川の「勝手にシネマニア」も放送一二年目を迎えていて、僕の映画ファンとしての活動も徐々に拡がっていった時期である。

さすがに妻の光代も、もう何にも言わなくなっていたし、この機に乗じて……という事で、ソニーのブラビア四〇インチ液晶テレビと、ＶＨＳテープ再生機能が併用されているＤＶＤレコーダーを購入した。ついに我が家もデジタル時代に突入したのである！

しかし、この頃になると、手当たり次第に録画していた初期のビデオ時代から比べて、「本当に繰り返し見たくなる好きでたまらない映画」しか手元に置かないようになった。要するに愛好度合いがますます凝縮されてきたという事だと自分では思っていたのである。

VHS テープの山。これで半分ぐらいの量だから我ながらよく録った。

平成二四年（二〇一二）、子供達も一人前になり、その二年前に妻を亡くしていたという事もあり、五七才にして家を建て替える事にした。そして、もう誰も止める人がいなくなったのと、映画関連の活動がいろいろと増えた事、そして何より好きな映画をもっとじっくり見たい事などを大義名分として、AV環境も一新する事にした。

まず、一階にソニーのブラビア四〇インチテレビと、パナソニックのブルーレイレコーダー（五〇〇GB）を置き、五・一チャンネル用のスピーカーを天井に据え付けた。

二階には新しく、これもパナソニックのビエラ五五インチテレビと、ブルーレイレコーダー（一TB）と、既存のDVDレコーダーをセット。もちろん天井に五・一チャンネルのスピーカーを埋め込んだ。今まで、録画媒体については主流派を選んできた僕だったが、この時もHDDVDではなくブルーレイを選んでいるのだから、この辺りの選択眼は大したものだと自画自賛しているのだが……。

そして令和時代である。

テレビで放送される映画も、地上デジタルからBSデジタル、そしてケーブルテレビを通じてのCSなどの多チャンネル放送と数多くのセレクトができるようになった。さらについ最近、映画配信サービスにも手を出してしまったので、毎日、洪水のごとく映画が僕の部屋にやってくるようになった。

会社を定年退職し、無職の年金生活者となった今は、かつて自分が見た古今東西の心を動かされた名作映画や、つい最近、スクリーンで見て心に残った映画などをブルーレイで買ったり、こういった各ソースで放送されたものを録画して、「好きな時に好きな映画を好きなだけ」見ている。

我が家のAV環境も、設置スペースと予算の事を考えると、今すぐのグレードアップは難しい。

新しく封切られる映画は映画館で味わう。そして「マイ・フェア・レディ」や「男と女」、「砂の器」といった名画は、年に何回かはブルーレイでじっくりと鑑賞する。そういうひとときはまさに至福の境地だ。

映画館も自分の部屋も、そのどちらもが僕にとっては大切な時間であり、人生になくてはならないスペースなのである。

さて、次の時代は、どんな高品位映像メディアが登場するのだろうか？

もちろん、対応する心構えは万全に整えているつもりである。

ジェームズ・ボンド、直島に立つ!?

映画ファンとしての僕のスタンスは「映画は見るもの、語るもの」である。それは映画に目覚めた一四才の時から変わらない。「作るもの」でも「出演するもの」でも「参加するもの」でもないのだ。

しかし、一度だけ映画をベースとした大きなムーブメントに携わった事がある。それは今、思い出しても実に楽しい活動だった。

それが「直島に007を呼ぶ活動」である。

最初のきっかけは、高松高校の同級生である岡輝人からの誘いだった。平成一五年（二〇〇三）の事である。

県庁職員でありながら、趣味で書いているオートバイやクルマのイラストで個展を開いていた彼が、今度は007映画に出てくるボンドカーのイラスト展を開催する事になり、ついては僕に映画の紹介コメントや007映画の魅力を書いてほしいと言うのだ。

もちろん、喜んで引き受けたのだが、聞くところによると、007シリーズの最新作の小説『赤い刺青の男』の舞台がどうやら日本だという事である。しかもクライマックスの重要場面が、何とわが直島で繰り広げられるらしいのだ！

もしこの小説が映画化されるような事になったら、ジェームズ・ボンドが瀬戸内にやってくるかもわからない！　いや、何とか映画化される事を期待して地元から気運を盛り上げよう！というのがイラスト展のコンセプトなのだ。

実は007シリーズの原作者であるイアン・フレミングは昭和三九年（一九六四）にすでに亡くなっている。

映画シリーズは彼の原作を元に延々と続けられているのだが、映画とは別に小説の方は、フレミングの後継作家たちが次々とオリジナル作品を発表し続けているのだ。

その作家の一人であるレイモンド・ベンソンの最新作が『赤い刺青の男』という訳である。

僕は全く知らなかったのだが、平成一三年（二〇〇一）、すでにベンソンは直島に取材に来ていて、安藤忠雄設計の「ベネッセハウス」や直島から見る瀬戸内の風景を痛く気に入ったらしかった。小説はすでに海外では出版されていたが日本ではまだ未発売であり、すべてはこれからというのが、イラスト展を開催した当時の状況だったのである。

岡輝人とは趣味や嗜好が同じという事で高校一年生からの縁が続いているのだが、僕と違う所は、彼が斬新で独創的なアイデアマンであると同時に、それを実行に移す行動力とバイタリティに溢れているという点だ（実は、僕の著書である『高松純情シネマ』の本文イラストや表紙デザインも彼の仕事。そしてこの本のイラストや表紙も彼の手によるものです）。

「ホンマにボンドが来るかもわからんぞ〜！　とにかくやれるだけやって見ようぜ」と彼に言われると、「なるほど。それはそうだ！」と納得してしまう僕であった。

この平成一五年（二〇〇三）の時点でボンド映画の最新作は、ピアース・ブロスナンの「ダイ・アナザー・デイ」。ブロスナンはこの作品でボンドを降板する事が決まっていた。さて、次なるボンドは誰に⁉　本当に直島にボンドは降り立つのだろうか……。

幸いに「００７とボンドカー展」は好評で、いろいろな新聞やローカルニュースで取り上げてもらえた。さて、次の仕掛けは？　と思いつつ、岡も僕も本業の仕事にバタついていたのだが、一〇月に事態は大きく動く事になった。

『赤い刺青の男』が早川書房から「ハヤカワ・ポケット・ミステリ」の最新刊として出版されたのである。

日本で起きた細菌テロの謎にボンドが迫るというのが大筋。舞台は東京から鎌倉、青函トンネルに北海道登別温泉へと移っていき、世界各国の要人が集まるG8サミットの会場が、わが直島の「べネッセハウス」。物語の展開上、確かにかなり重要な場所だ。しかもアクションシーンが多い。昔からよく知ってる直島の風景も描写されているし、こりゃ、なかなか興味深いと思ったのが第一印象である。

そして、アイデアマンの岡が動き出すのもここからだった。

明けて平成一六年(二〇〇四)、とにかくまずは直島の人たちに007映画の事を知ってもらおうという事で、三月に町の総合福祉センターで「ジェームズ・ボンドを直島に呼ぶ集い」を開催した。

ただ、僕はこの時点でも、本当にロケ隊がやってくるとはとても思えなかった。

007小説は、フレミング以外の後継作家が書いたものが映画化された事はなかったし、製作権を持つイオンプロダクションはケチで有名だから、地元がかなりの資金を準備しない限りは、「ロケに来て!」という日本の片田舎の要請など鼻にもかけないのではないかと思っていたのだ。

しかし、岡は次々と新しいアイデアを実行に移していった。六月には、香川県知事や県庁、直島町の関係者、フィルムコミッションのメンバーからなる「007誘致連絡会議」という官民連絡会議を立ち上げた。

　実はこの時の岡は、香川県総務部国際課の課長であり、まさに本業と趣味がガッチリとリンクしていて活動しやすいという利点があった。そして、僕もオブザーバーとして何回かの会議に参加して、いろいろな人と出会い、さまざまな事を計画し、イベントや集会に関わっていく事になる。

　まず「007を香川に呼ぶ会」を下部組織として結成、僕がその事務局長に就任した。次に、直島や瀬戸内海の魅力を伝える広報・PR用のDVDを製作する事になり、その構成とシナリオを担当、そのDVDをイオンプロに送る事にした。

　さらにはロケ誘致を求める「五万人署名運動」を展開する事になり、七月と一一月には、サンポート高松や市内各所で大々的な署名活動を行った。

　署名は一一月に五万人を突破し、活動も県内ではそれなりに知名度も上がってきた。しかし実は、この時点でイオンプロからは「ご努力には感謝し敬服するが、次回の作品はオリジナルストーリーで製作の予定」との回答が返ってきていたのである。

　ハードルがかなり高いのも承知の上だったし、世界的なプロジェクトがそう簡単に動くハズがない。それを理解した上で、地元が勝手に盛り上がってさまざまなイベントや活動を行う——。それこそが映画を軸にした地域活動であり、それによって直島の魅力や瀬戸内の素晴らしさを香川県民自体が再確認できれば、それはそれで大いに喜ぶべき事なのだと思う。

僕や岡にとっては、もう007が直島に来る事が目的ではなく、007をテコにみんなが一体となって地元を盛り上げて行く事が楽しいという思いになっていたのである。

ある時、岡が「誘致活動はええけど、直島が小説の舞台として登場したという事実を、もっと島の内外に広めんといかんな～。何かええアイデアはないか？」と僕に聞いてきた。とにかく独創的考えが浮かばない僕は「そやなー。テレビやラジオでどんどんしゃべるとか……」としか言えなかった。しかし、ヤツはしばらく考えると何のためらいもなくこう宣言したのだ。

「決めた。『赤い刺青の男』の資料館、作るわ！」

それからの岡の動きは速かった。税金を使わないで作るというのが彼らしいところだった。国際課を中心に直島町文化協会、観光協会の了解をとりつけて動き出したのである。

使わなくなっていた古い会議場を改装して展示場とする事に決定。関係者に向けた整備資金援助やカンパのお願い、ボランティアの募集、整備に必要な資材の提供、展示物の提供・貸与依頼などなど。僕は彼の指示どおりにウロウロしただけだったが。

平成一七年(二〇〇五)四月、僕も含めた三〇人ぐらいのボランティアが島に集結、会議室を資料館にするべく、床ふき、足場の取り付け、展示台の設置などを行った。今まで夢でしかなかった007の世界が徐々に形になっていく様は実に楽しいひとときだった。

そして多くの人たちの善意と協力によってついに完成し、正式名称も「007赤い刺青の男記念館」に決定した。七月七日（ナナの日）には開館記念プレイベントが「007の夕べ in NAOSHIMA」と題して開催された。

会費は三〇〇七円。僕が司会を務めるトークショーに続いて、ボンドマティーニの乾杯で始まるパーティーへ。多くの企業の協賛をいただき、出席者は一三〇人を超えた。八〇平方メートルの木造平屋建て記念館は、その夜、「ボンドを呼ぶぞ〜っ！」という出席者の怪気炎で溢れたのだった。

七月二四日の正式開館記念式典には、香川県知事や県議会関係者、直島町長を始め、香川経済同友会や観光協会、ベネッセハウスを運営する福武文化財団からもトップの方々が出席。そして何と、小説原作者のレイモンド・ベンソン夫妻が来日！「私の本から素晴らしい007記念館を整備していただき感動しています」と挨拶をしてくれた。

『赤い刺青の男』に関する資料、過去の007映画の原作本やポスター、スパイグッズ。そして僕が提供した映画パンフレットや、さいとうたかをの劇画が掲載されている青年誌『ボーイズライフ』なども展示されている記念館はこうして、小説の映画化とロケ誘致運動の拠点施設としていよいよスタートしたのである。

しかし、そんな僕らの熱意をよそに、この年の暮れに007の最新作映画が公開された。タイトルは「カジノ・ロワイヤル」。新しくボンドを演じるのは、金髪碧眼のダニエル・クレイグ。結局、今回もイアン・フレミングの小説が原作となっていた。

それでも岡や僕を始め、関係者の活動が鈍る事はなかった。活動を続けていく中でのさまざまな人との出会いや新しい刺激、新鮮なインパクトは、大変貴重な経験となっていたのである。

007ポスターやグッズが並ぶ記念館館内。

それからも、コトデンの電車二両を借り切って、瓦町から琴平までの車内でミニイベントやパーティーを行うとともに、金比羅さんへ誘致祈願のお参りをするという「007電車でGO!」イベント、誰が一番ボンドガールにふさわしいかを決める「ボンドガールはウチや!コンテスト」など、実にいろいろな活動を行った。

平成二〇年(二〇〇八)には、シリーズ二二作目の「慰めの報酬」が公開された。これもフレミングの小説が原作である。

この頃になると、直島の記念館は誘致活動の拠点というよりは、島が舞台になった007小説『赤い刺青の男』のモニュメントとして認知されてきていたが、僕はそれはそれでいいと思っていた。

平成一五年(二〇〇三)の「007とボンドカー展」から足かけ五年間、その時々で多くの人と協力しながらさまざまなイベントや企画を実行してきた事だけで僕には充分だった。「映画の夢を実現するためのムーブメント」に関われた事は大変充実した時間だったのである。

そして平成二九年(二〇一七)三月、直島から一通の通知が送られてきた。開けてみると『007赤い刺青の男記念館』の閉館について」とあった。

「平成一七年の開館以来、一八万七千人の来館者を迎えて誘致活動の役割を果たして参りましたが、映画ロケ誘致活動が終息し、本館がその役割を終えたこと、施設や展示品の老朽化が進んでいること(中略)二月末を持ちまして閉館いたしました。長い間、当館にご理解とご協力をいただき……」。

僕も何度か記念館に足を運び、自分の資料が展示されているのを見ていたのだが、ついにその時が来たんやなぁと、感慨深いものがあった。

それから数日後、展示品として出品していた僕の私蔵資料を持って、岡が我が家までやってきた。しばらく二人で思い出話に花が咲いていたが、ふと言葉が口をついて出た。「結局、あの007ロケ誘致の一連の活動って、何やったんやろなぁ〜」。すると彼はすぐにこう言った。

「いろいろとやっていく中で、たくさんの人にいろんな事言われたけど、何やかやと面白かったで。お前も楽しかったやろ？　それならそれでええんやって！」


時代は令和となり、岡も僕も役所や会社を退職して、六五才の今は完全にフリーの立場である。そして今でも僕は、彼に誘われるままにオヤジバンドでギターを弾いたり、映画イベントに顔を出したり、一緒に旅行に行ったりしている。

知り合って五〇年以上が過ぎたが、やっぱりアイデアマンの彼の行動が衰える事はない。

007映画も「スカイフォール」、「スペクター」と公開が続き、次回作は「ノー・タイム・トゥ・ダイ」である。主演のダニエル・クレイグはこれでボンド役を降りるという話もあるが、まだまだ世界第一級のエンタテインメントシリーズである事に変わりはない。

そんな事を考えていたら、ひょっとしたら、この先、また岡が何か新しいことを思いついて僕に投げかけてくるかもわからないという気がしてきた。

「なぁ、ちょっと面白いこと考えついたんやけど……」

ほっこまいたちの「ほっこまい」

二〇世紀も終わろうかという頃、僕はどうしてもひとつの夢を叶えたくなっていた。映画にハマって三〇年以上が過ぎていた平成一二年(二〇〇〇)の事である。

何といっても二〇世紀最後の年だった。

あれだけ映画を見て映画を語って映画に支えられた日々を過ごしてきたのに、その証となるものが何もないという事にやっと気づいたのだ。自分がそれまで見てきた映画と、その映画とともに過ごしてきた自分の原点でもある青春時代の思い出とを何らかの形で書き残しておきたい――。

二〇世紀も終わりに近づき、自分も人生折り返しの四〇代中盤を迎えている今こそ、「本」

という形で思いを残す時ではないか……。

幸いにも父の古くからの友人で、大阪で出版社を経営している方の知己を得る事ができ、ありがたい事に全面的に協力していただける事となった。あとはひたすら原稿を書くだけだ。

一〇月に二〇〇枚を越す原稿が完成し、それから出版社の方との打ち合わせが始まった。装丁、構成、ゲラ修正。表紙とカットは高校の同級生である岡輝人に依頼して、かなり形が整ってきた。タイトルは『高松純情シネマ』に決定。一冊の書籍ができるまでにどれほどの手間と労力が必要かという事も、この時に知った。

そして平成一三年（二〇〇一）三月、ついに『高松純情シネマ』が完成した。初めて完成本を手にした時の感激は今でも忘れられない。自分の言葉で埋め尽くされた本は、活字までが愛おしく思えたものである。

自分の映画好きという趣味がたくさんの人たちと知り合う機会を与えてくれ、その映画への思いがこうしてひとつの形となって残せた事だけで、僕は満足だった。

それからも『高松純情シネマ』は多くの人たちとの出会いを応援してくれた。

特に同世代の人には共通の思い出や感慨があるようで、本を媒介にして交流が始まる事も多くあった。『キネマ旬報』の書評欄にも取り上げてもらい、数こそ少ないが、全国各地から感想や共感の手紙をいただいたのもありがたい思い出である。

とにかくこれでひとつの区切りと思っていた僕だったが、出版から六年後の平成一九年(二〇〇七)になって、『高松純情シネマ』は大きな動きを見せる事になった。

きっかけは中学、高校の同級生である高嶋弘が、「さぬき映画祭2007」の「香川をイメージする映像作品」の企画募集コンテストに応募した事である。

「さぬき映画祭」は年に一度開催される地元発の映画祭で、新作や話題作の上映だけでなく、若手や新人の作品も上映し、映画界を目指す人たちの登竜門としてさまざまな企画のコンテストも行っていた。「香川をイメージする映像作品」コンテストは、映画、映像に携わる新しい才能の発掘を目的に映画祭事業の一環として実施されるものだ。

応募してきた香川を舞台にしたドラマの企画やシノプシスを審査員が審査して優秀企画を選定するが、選ばれた企画は必ず〝映像化〟して翌年のさぬき映画祭で上映しなければならないという制約がある。そして、その時点で改めて作品審査があり「最優秀映像作品」が選ばれるという手順である。

高嶋は、大学卒業後、日本映画学校で映画を学んだフリーの演出家である。

東京を拠点にPRビデオを中心にテレビ番組などの構成・演出をしていた事は知っていたが、どうやら『高松純情シネマ』を読んで痛く感動したらしかった。

彼から「あの本、映画にしたいんだけど……。とりあえず、さぬき映画祭の企画コンテストに応募してみようと思ってる」と聞いた僕は、その時はまさかあんなに大きな事態になるとは思わず「へ～、面白そうやな。ええんとちゃう？　中身は任すわ」と言ったのだった。

それからしばらくして、いきなり家に、東京の高嶋から分厚い荷物が届いた。開いてみると「ほっこまい　高松純情シネマ（第一稿シナリオ）」とあり、驚いた！　企画コンテストだから、企画意図とかシノプシスぐらいを考えるのかと思っていたら、何と早々とシナリオまで完成させていたのである。

「ほっこまい」とは香川の方言で「お人好し・馬鹿正直・物事の損得を考えないで一生懸命になる人」という意味だ。確かに映画バカの僕にはピッタリのタイトルかもわからない。

シナリオを読んで見ると、本に書いてある僕の青春時代のエピソードと映画の思い出が、うまくミックスされた物語となっていて、まさに「一九七〇年代初頭の映画好き高校生青春グラフィティ」である。本を書いた本人としては非常にありがたい事だったが、もし優秀作に選ばれたら一年以内に映像化しなくてはならないのだから、そちらの方が気がかりではあったのだが……。

一一月に開催された「さぬき映画祭２００７」で五三作の応募企画が審査され、その結果、「ほっこまい　高松純情シネマ」を含む四作が優秀企画として選ばれた。一番に思ったのは「ホントに映像化できるんかいな?」という事だった。

「一年以内に映像化」というハードルをクリアするための諸準備が本格化したのは平成二〇年(二〇〇八)が開けてすぐの事である。

「自分たちの青春時代を映像化するのだから、ここはみんなで応援していくしかない!」との決意のもと、高松高校時代の同級生たちが結集して映像化へ向けての行動が始まった。

まずは資金調達の窓口として「高松純情シネマサポーターズ倶楽部」を立ち上げて会員募集、各企業への協賛依頼、製作に関する諸手続きを行っていく事にした。

会長は高松市内で司法書士事務所を営む西山正寛、副会長は電鉄会社に勤務する岡内清弘、事務局長にはシステム・ソフト開発会社を経営する山口博司、そして宣伝部長は県庁に勤務する岡輝人で、顧問が帰来。全員が同級生であり、『高松純情シネマ』にも登場する腐れ縁とも言うべき仲間たちである。

この時点で映像化に向けて、もうひとつ大きな応援が得られる事になったのは大変に嬉しい事だった。主人公の母親役として高畑淳子さんが出演を快諾してくれたのである。

トップ女優として活躍している彼女は僕らの同級生でもある訳で、出演者として彼女の名前が出れば、作品の価値はグッと跳ね上がるというもの。「あの本をみんなが映画にするんやったら、協力せん訳にいかんやろ！」という彼女の一言に僕らは大いに勇気づけられたのだった。

高嶋はスタッフ集めからキャストオーディション、ロケハン、小道具、衣装の手配。事務局は企業回り、県内各種団体挨拶、各種メディアへのPRと、それぞれがかなり忙しくなってきて「映画作りとは撮影開始までが一苦労」という事を思い知らされた日々だった。

そして数多くの人たちの暖かい支援、さまざまな企業や団体の協力、全国の多くの高松高校卒業生や同級生たちの熱いエールに支えられて、「ほっこまい　高松純情シネマ」はクランクインする事になった。

平成二〇年（二〇〇八）五月二〇日、僕は生まれて初めての「記者会見」なるものに臨んでいた。場所は香川県庁県政記者室。会見内容は「『ほっこまい　高松純情シネマ』製作開始について」。出席者は、高嶋弘監督、オーディションで選ばれた主人公タカシ役の日本映画学校俳優科卒業の柳田龍馬さん、ヒロインであるハルナ役の三豊市出身の大西節子さん、そしてもちろん高畑淳子さん、末席に僕という顔ぶれである。

映画イベントなどで司会進行をするのには慣れている僕であったが、自分がインタビューを受けるのは初めてであり、何より自分の書いた本が映画化されるという事に特別な緊張と感慨が駆け巡っていた。そしてここに来てやっと「ホントに映像化されるんやな～」と納得したのだが、高畑さんも「まさか、本当にクランクインするとはね～！」と笑っていたのが印象的だった。

県庁での記者会見を終えたその足で、僕ら五人はエフエム香川へと移動。ラジオ番組でクランクインの感想と完成への意気込みを語った後、あわただしく高松市内のロケ現場へ急いだ。高畑さんのスケジュール上、この日のうちに彼女の出演する二つのシーンを撮り終えなくてはいけないのである。

場所は事務局長の山口が探してきた「昭和の匂い」が満載の一軒家。現場に着いてみるとすでに多くのスタッフが撮影準備を進めていた。そして驚いた事にスタッフ以外に、僕たちの同級生のオジさんやオバさんが現場見学と称して何人も来ているではないか！

自称監督やアドバイザーが加わったような騒ぎで、「そこはこの方がいい」とか「あの頃はそんな言い方はしなかった」とか、まぁ、うるさい事！　高嶋監督も高畑さんもこれには苦笑いするしかなかったようである。

とにかくそんな感じで、高畑さんの出演シーンは無事に撮影終了。そしてこの日が、それから何ヶ月も続く撮影の第一日目となったのだった。

平成二〇年（二〇〇八）一月には大阪府に橋下徹新知事が誕生し、八月の北京オリンピックでは北島康介が男子平泳ぎで二大会連続二種目金メダルという偉業を成し遂げていた。テレビでは大河ドラマ「篤姫」が大ブームを巻きおこしていたが、世界的にはリーマンショックが起こった年であり、世界の経済状況はこれを機に大きく変貌していった。

僕は三月に、全社の社員教育を計画運営する部署に異動しており、忙しい日々を過ごしていた。「原作者は映画にはノータッチ」というスタンスだったので、まったく口出しするつもりはなかったが、仕事の方が多忙を極めた分、ロケやセットでの撮影にはまったく参加できなかった。

西山や山口らは、ほぼ全ての撮影の一切合切の段取りや手配、関係各所との調整を仕切っており、都度「明日は番町公園で昼からロケするぞ」とか「今度の金曜日は一日中、例のシーンの撮影するから」という連絡はもらっていたのだが、なかなかタイミングが合わず、結局見学に行くことはかなわなかった。

コトデンの電車を借り切って撮影したり、七〇年代に走っていた当時のクルマを探してきて実際に走らせたりしただけでなく、母校である高松高校や市内の他の高校を始め、岡山県津山市の映画館でもロケを行っており、映画作りなどまったく素人の西山会長、岡内副会長と山口事務局長のご苦労は大変なものだったと思う。

「ほっこまい　高松純情シネマ」を映画として完成させたいという多くのスタッフや関係者、友人たちの熱意と努力には、今も大きな感謝を感じている僕である。

そして一一月二三日、「さぬき映画祭２００８」が始まり、前年に選ばれた優秀企画作四作品がそれぞれ映像化され、コンペティションとして連続上映された。

　上映当日の会場は超満員！　四作品の関係者という事なのだが、どう見ても「ほっこまい」の関係者ばかりのような気がする。とにかく同級生で溢れていたのだ。まさに同窓会のノリである。そんな中で僕は初めて「ほっこまい 高松純情シネマ」を見たのだった。

　映画マニアの高校一年生の主人公と、その友人たちが繰り広げる七〇年代の青春ラプソディ。本に書いてあるさまざまなエピソードや言葉が映像となって眼前のスクリーンに映し出されているというのは不思議な感覚であり、面映ゆい感情であり、ほろ苦く甘酸っぱい感傷であった。

　その場にいた全ての同級生が、自分たちの「あの頃」を思い出していたのに違いなかった。上映終了と同時に拍手が起こったのは、友人たちの心遣いであり、映像化してくれた作り手たちへの感謝だったのだろうと思う。

　四作品の審査結果は翌々日に発表された。「ほっこまい 高松純情シネマ」は残念ながら「最優秀映像作品」とはならず、「奨励賞」という事になった。高嶋監督や同級生たちはかなり残念がっていたが、僕はそれでも充分に満足だった。あまりにも自分自身に身近すぎる「映画」というのはそういうものかも知れない。

　一二月には、高松市内の映画館「ソレイユ・2」で二週間の一般上映が決まった。「ソレイユ」の詫間社長は高松高校の大先輩でもあり、快く上映を引き受けてくださったのだ。

平成二一年（二〇〇九）が明けてからは、『キネマ旬報』に「公開新作映画」として紹介され、東京地区でも上映が始まった。

今度は東京にいる多くの同級生や関係者が足を運んでくれ、上映終了後は映画館近くの居酒屋に移動して大いに盛り上がったという話が、こちらにまで伝わってきた。

そういう時に僕らに聞こえてくるのは、決まって「自分たちの青春を映画にしてくれてありがとう！」というお礼の言葉だった。映画に携わった者としてはこれ以上に嬉しい事はない。その言葉だけで苦労が報いられた気がしていたのは僕だけではなかったはずだ。

その後は県内の映画イベントでの上映などを経ながら、ＤＶＤとしても発売された。市内のレンタルビデオ店のラックに並んだ「ほっこまい」のパッケージ。そこに書かれた「さぬきテイストに溢れた青春映画！」という文字を見ながら、僕は自分の青春と映画の思い出が、今こそ自分の胸に永遠に封じ込められたのだという思いにひたっていた。

高嶋監督からいきなりシナリオが送られてきてから、すでに二年の月日が流れていた。

そして令和二年（二〇二〇）、同級生たちは、引き続き勤務先で頑張る人、自分の能力で事業を続ける人、また僕のように無職となり自分の趣味を満喫する人など、みんなそれぞれの道を歩いている。

『高松純情シネマ』は、今も僕の家の書庫に二〇〇冊程度が残っている。お世話になった大阪の出版社が事業を閉じる際に、在庫として残っていたものを譲り受けたのだ。出版されてから二〇年が過ぎたにもかかわらず、今でも時々、映画関係や会社関係で会う初対面の人に「あの本、読みましたよ」と言われることがあるのは嬉しい驚きだ。

もちろん、「ほっこまい 高松純情シネマ」の方もDVDだけでなく、撮影関係資料や当時のスクラップ記事もちゃんと残している。

それらを見返していると、あの平成二〇年（二〇〇八）の夏が蘇ってくる。たくさんの人たちの協力のもと、同級生たちが作り上げた一本の映画の思い出は、まさに僕たちの人生のマイルストーンとなったのだ。

一冊の本と一本の映画が今も、多くの人たちとの出会いを形作ってくれるとともに、僕の人生を豊かに彩ってくれている。

何とありがたい事なのだろうか。

映画とファミリーヒストリー

中学三年生の時に見た「ベン・ハー」を最初として、映画ノートをずっと書き続けている。

書いている項目としては、鑑賞月日・作品名・監督名・鑑賞した映画館などであるが、それに加えて「誰と見たか」という事も必ず書いている。

ノートにある数千本の映画のうち、八割以上は一人で鑑賞しているのだが、友人や映画仲間を除くと「家族と一緒に見た映画」というのが多いのには自分でも驚く。

中学生の時は全ての映画を父か母か、あるいは家族全員で見ている。学生時代はほぼ一人で見ているが、それでも他の家族に比べると、かなりの数の映画に両親と出かけている。結婚してからは妻や子供たちと見る映画が圧倒的に増えていき、六五才の今は、孫と出かける映画が

登場してくる。

父や母が映画好きで、僕もその血を引いた映画ファンであるとはいえ、「家族で映画」という形は、帰来家の場合は他の家族よりも圧倒的に多いのではないか。

「家族の歴史=映画の歴史」とはちょっと大げさだが、何冊もの映画ノートを読むとその時々の思い出が蘇ってくる。


父、広三は昭和二年(一九二七)生まれで農家の七人兄妹の五番目。三男坊という事もあり、早くから自立を目指していたようで、一四才の時に一人で満州へ渡り満州電電に就職している。

昭和一八年(一九四三)、徴兵もされなかったのに志願して海軍に入隊。通信兵として勤務した特攻作戦の最前線基地だった鹿児島県の鹿屋基地で、自分と同年代の特攻兵を数多く送り出した事が父の原体験となっている。香川県の詫間基地で終戦を迎えたのが一八才の時。戦後は銀行員として定年まで勤め上げた。

そんな父は映画好きでもあったが、見る映画はほとんどが飛行機映画か戦争映画、西部劇という「男性路線」であった。まだ物心がつかない幼い僕を連れてよく映画館に行っていたという話を聞かされたものである。

そういう素地があるからか、長じて「映画少年」となった僕も戦争映画や飛行機映画には、必ず父を誘っている。父と映画に行く事には何の抵抗もなく、映画を見た後に父子でいろいろな話をするのは楽しみでもあった。

映画ノートを書き始めてから一緒に行った作品を並べてみると、「空軍大戦略」「バルジ大作戦」「Uボート」「レッド・オクトーバーを追え！」「メンフィス・ベル」といった感じである。こういったジャンル以外の映画にも誘った事はあるのだが、どうも興味がなかったようだ。

父子の相克をテーマにした「ゴッドファーザー」にも声をかけたのだが、「マフィアの跡目を息子が継いでどうする！」とか何とか言われたし、野球をテーマにした親と子の切ないドラマである「フィールド・オブ・ドリームス」に誘った時も「野球は自分でプレイするもので、映画で見ても面白くない」とにべもなかったものだ。

そして母、冨士子もまた無類の「映画少女」だった。昭和五年（一九三〇）に警察官の一人っ子として高松市で生まれた母は、四才で父を亡くしてから二三才で結婚するまでの間、ずっと母娘二人きりで過ごしている。

それだけに唯一の楽しみが親子で出かける「カツドウ写真」だったらしく、かなりの数を映画館で見ているらしかった。僕が産まれてからは専業主婦として家事一切をこなしていきながら、僕を背負ったまま、満員の映画館にしょっちゅう通っていたという事である。

子供の付き添い役としてお子様映画に付き合うのは、当然母の役目で怪獣映画やマンガ映画

亀阜小学校入学式の日、父母と私。まさに我が家の原点。

にももちろん連れて行ってくれた。僕が映画ノートを書き始めた中学生以降は、母の好きな俳優が出ている映画や社会派映画へも一緒に行くようになった。

男の子と母親というものは何かと衝突したり反撥しあったりするものであり、ご多分に洩れず僕にもそういう時期があったのだが、不思議と映画にだけはよく二人で出かけていた記憶がある。

「ウエスト・サイド物語」では二人ともミュージカル映画の素晴らしさに気づかされたし、母が大ファンだったアラン・ドロンの「仁義」は、僕と行った後に、何と一人でもう一回見に行ったという話を聞いて驚いたものだ。「砂の器」では二人そろって号泣しながら映画館を後にしたし、「幸福の黄色いハンカチ」でも同じように涙ボロボロという状況になっている。そして「青春の門」「未完の対局」「七月四日に生まれて」でも母はやっぱり泣いていたのだった。

父や母、それぞれと一緒に行った映画も数多くあるが、実は帰来家は、親子三人で行った映画というのが多い。ノートを付けだした一五才の時から学生時代、独身時代を経て結婚して子供が産まれて大きくなってという、僕が五〇才を超えるまでの三〇数年間で五〇本以上あるというのは凄くないですか⁉

そんな三人で見た映画はほとんどがいわゆる「戦争映画」だった。

父も母も戦中派世代であり、戦場の悲惨な日常や空襲下の市民生活などを実体験として持つ世代である。それだけに自分たちの青春時代のすべてが、戦争という暴力で塗りつぶされてしまった哀しみや苦しみを事あるごとに僕に語ってくれた。

「ああ海軍」「激動の昭和史　軍閥」「トラ・トラ・トラ！」から「戦争と人間　全三部作」に「遠すぎた橋」と邦画洋画を問わずいろいろな戦争映画を見てきた。そして映画を見た後は、必ず僕に意見を求めてくれたし、僕もまた二人にいろいろと質問をしたりした。

僕が社会人となり、結婚してからも三人で見た戦争映画は数多い。「連合艦隊」「大日本帝国」「東京裁判」「零戦燃ゆ」「226」。さらには「きけ、わだつみの声」「プライベート・ライアン」「男たちの大和」……。この頃になると、映画の帰りに必ず居酒屋でビールを飲みながら話をするようになっていた。

そして今思うと、戦争の体験者としてドラマの甘さを衝いてくる両親と、映画好きの理屈だけで青臭い意見を言う僕との会話が泣けるほど懐かしい。

三人で最後に見た映画は平成一九年（二〇〇七）封切りの「東京タワー～オカンとボクと、時々、オトン～」だった。面白い家族の映画だと言うことで見に行ったのだが、あれだけ戦争映画を見て語り合ってきたのに最後に揃って見たのが家族映画というのが、いかにも面白い。

父は平成二一年（二〇〇九）二月に八二才で亡くなった。

父と二人きりで見た最後の映画は平成九年（一九九七）公開の「エアフォース・ワン」。大統領専用機エアフォース・ワンと敵戦闘機の空中戦を見た父は、「いや～、最近の飛行機映画は凄い迫力やな～」と感心していた。何十年も前から飛行機の映画を見てきた僕たちには、まさに格好の一本だったと思う。

父が亡くなってからも、映画には母と二人でよく出かけた。

一人暮らしとなった母は、映画を見に行くのを楽しみにしていたし、僕もそんな母と、見た映画についてビールを飲みながら話す時間が楽しかった。「劔岳 点の記」「真夏のオリオン」「おとうと」など多種多様なセレクションだったが、母はいつも「やっぱり映画は楽しいなぁ！」と喜んでくれた。

そんな映画好きの両親の血を引いて映画マニアになった僕だったが、独身時代は「この分なら、人生のパートナーも映画マニアで、生まれてくる子供たちも映画好きに育てて……」とか何とか考えていたものだった。ところがまぁ、そう思い通りにはならないのが人生の常というものである！

社会人二年目、二三才の僕は営業部所属の営業マンとしてどうにか仕事の方はそれなりにこなしていたが、相変わらず映画ばかり見ていた。

昭和五三年（一九七八）の秋、総務部にいる徳島県出身の女の子と話していたら、北大路欣也が好きなので、今度封切られる「燃える秋」を楽しみにしているらしい。もちろん僕も見に行くつもりだったので誘ってみると、一緒に行ってもいいと言う。

二人で見た「燃える秋」は小林正樹監督にしては何となく大味で、ハイ・ファイ・セットの歌う主題歌だけが印象的な作品だったが、彼女は北大路欣也が良かったようでかなり満足していたようだった。

この女の子が、後に僕の妻となる光代である。

付き合い出してから最初に行った映画は「２００１年宇宙の旅」だったが、この頃にはもう、僕が人並み外れた映画好きという事は彼女には伝わっていた。

「映画は一人で見るものだが、恋愛の道具として二人で映画を見るのは仕方がない」というのが僕のポリシーだったのだが、「二人で映画を見るために作品を選ぶ」のではなく、「自分が見たい映画に彼女を連れて行く」事が常態化してしまう事になった。

彼女も文句を言わず、僕が誘った映画には必ず付いてきてくれた。「男はつらいよ 翔んでる寅次郎」「蘇る金狼」から「エイリアン」「太陽を盗んだ男」などなど……。ずっと後になって彼女に聞いたら「私がほんとに見たかった映画は一〇本のうち一本ぐらいだった」と言われてガックリきたものだ。

昭和五五年（一九八〇）四月に結婚してからも、僕の映画館通いのペースは変わらなかった。彼女にしてみれば「飲み歩きもしないし、ゴルフや釣りにうつつを抜かす訳でもないよくできたダンナ」ぐらいに思っていたのだろうが、まさかこれだけ映画に行くとは思わなかったのではないか。しかも高価なセルビデオや趣味の本、プラモデルやレコードは知らない間にどんどん増えていくし（笑）。それでもだんだん慣れてきたのか、呆れてしまって何を言っても無駄と悟ったのか、数年経つと何も言わなくなった。

そして昭和五九年（一九八四）三月、大阪に転勤する事になり、吹田市内の社宅で二人だけの生活が始まった。

会社は心斎橋のド真ん中にあり、梅田やなんばの映画街もすぐ近くである。学生時代以来久しぶりの京阪神の風に吹かれて……と意気込んでいたのだが、ここで僕らの生活に大きな変化が訪れた。

転勤して一〇ヶ月が経った昭和六〇年（一九八五）一月、結婚五年目にして長女の明日香が誕生したのである。

いつの時代でも若い両親は、初めての子育てにはとまどいながらも全力で取り組むものだ。光代も専業主婦として、慣れない大阪の地で僕と明日香の世話を一生懸命にこなしていた。そしてさすがの僕も、映画館通いを自粛して会社と家の往復に専念する事になった。

といっても別にイヤイヤではない。映画を見るよりも子供と一緒にいたいという気持ちがはるかに強いという事である。まぁ、それでも時々は梅田やなんばの映画館をうろついてはいたが……。

結局、昭和六二年（一九八七）五月に高松へ帰って来るまでの三年二ヶ月、大阪で光代と二人で映画に出かけた事はなかった。

その間、僕が一人で見た本数は六四本。そのうち四〇本近くは明日香が生まれてくるまでのもの。生まれてからは二年間で二四本であり、これは僕の映画人生の中でも圧倒的に少ない本数である。子供の力というのは大したものですね！

翌年の昭和六三年（一九八八）七月には、長男の大樹が誕生。光代は母として妻として、ますます目の回るような忙しい日常を送る事となった。

僕も出来るだけの協力をしたつもりであり、その証拠にこの年の年間鑑賞本数は何と九本である！　毎年一〇〇本ほどを見ていた僕にとっては驚きの数字であり、子供たちと一緒にいる時間と妻の手伝いをする時間の方がずっと大事だったという事の証明でもある。

子供たちが出来てから光代と初めて二人で行った映画は、平成元年（一九八九）一月の「男はつらいよ 寅次郎サラダ記念日」である。激動の「昭和」が終わり、新しい時代「平成」が始まって一〇日目。光代は「寅さんはやっぱり面白い！」と大満足の様子だった。

子供たちを僕の両親に預けて久しぶりの二人での映画だったが、結局、子供たちの事が気になって映画が終わると急いで帰ってくるという始末。この年は二九本という鑑賞本数で、妻一人子供二人の父親としてはよく見たなあと自分では思っているのだが……。

映画好きの両親の遺伝子のおかげで僕が映画好きになったとするのなら、明日香と大樹、二人の子供たちはどうなるのだろうという思いはずっと持っていた。子供らは生まれた時からビデオカメラ、デッキにセルビデオという映像世代である。何もしなくても映画好きになるのでは？　とも感じていた訳だ。

明日香を初めて映画館に連れていったのは平成元年（一九八九）八月、彼女が四才七ヶ月の時である。作品は「魔女の宅急便」だ。

当時の映画ノートを見ると「大人になってからホラー映画に走ろうとメロドラマに走ろうと構わないが、今はやはり〝やさしさと思いやり〟を教える映画を見せたいと思う」と書いてある。その意味では当時も令和の今も「スタジオジブリ映画」は最強のアイテムだと言えよう。

明日香に聞くと、この時の事はうっすらと覚えているようだが、ヒロイン、キキの気持ちがわかったのはもっと大きくなって見た時だったと言うのは当たり前だろう。

大樹の映画館デビューは平成五年（一九九三）一月の「ゴジラVSモスラ」である。彼は当時四才六ヶ月。もう一人前に怪獣や恐竜、乗り物に大きな興味を示していて、けっこう楽しんで見ていたものだ。

そう考えてみると、誰が教える訳でもないのに男の子は「乗り物や怪獣」に、女の子は「お人形やお花」に関心が向いていくというのは実に不思議なものだなと思う。

家族で姫路サファリパークへドライブ。映画にもみんなでよく行きました。

それからもとにかく事あるごとに子供たちを映画に連れていった。それは二人が大きくなって中学生になってからも続いていく。

「父親と映画に行くのはイヤ」という子供もいる中で、我が家の二人は喜んで付いてきてくれた。僕が映画好きだったという事に加えて、やはり少しは「遺伝的要素」があるのかも知れないが、子どもたちとのコミュニケーション手段のひとつとして映画は充分にその役割を果たしてくれたのである。

光代も入れて家族四人で見た初めての映画は、平成四年（一九九二）公開の「紅の豚」。やはりジブリ映画は外せなかったのである。みんなで映画を見た帰りにファミレスでご飯を食べながらいろいろと話す時間は、今思い出しても心楽しいひとときだったな〜と思う。

明日香と見た映画はほとんどが日本映画である。

ジブリアニメはもちろんの事、小学生時代には「美味しんぼ」「ラヂオの時間」「リング」、中学生になると「踊る大捜査線」「陰陽師」「トリック」など。そして高校生以降になると、「ジョゼと虎と魚たち」「世界の中心で、愛を叫ぶ」「スゥイング・ガールズ」「いま、会いに行きます」などから「パッチギ！」「ローレライ」「戦国自衛隊１５４９」「リンダリンダリンダ」まで、実に多種多様なラインナップが並んでいる。年頃になっても父親と連れだってしょっちゅう映画に行くというのは、かなり珍しかったようで、友だちには不思議がられたようだ。

そして大樹と見たのは「ゴジラ」シリーズを別として外国映画が多いというのが面白い。「トイ・ストーリー」「ジュラシック・パーク」「インビジブル」から「ハムナプトラ」「Ａ・Ｉ・」「猿の惑星」といった具合である。さらに高校生時代は「バイオハザード」「ロード・オブ・ザ・リング」「シービスケット」と続いていく。男の子も親と映画に行くのを嫌う年頃があると思うのだが、大樹の場合もあまりそういう抵抗はなかったようである。

「お父さん、あの映画、見に行くやろ？　そんなら一緒に行くわ」……と、だいたい二人ともこんな感じで言ってくる。で、僕は光代にこう聞く。「あんな事言いよるけど、お前、どうする？」するると彼女は間近いなくこう答える。「私はもうええわ～。みんなで行ったらええよ」。

そして映画から帰ってくると「どうだった？　面白かった？」と笑いながら話しかけてくるのが常だった。

それでも、子供たちが一人前になった平成一二年（二〇〇〇）頃から、二人で映画に出かける事が多くなってきた。

だいたいが日本映画で、「たそがれ清兵衛」「半落ち」「誰も知らない」「笑の大学」「Ｓｈａｌｌ Ｗｅ ダンス？」といった具合だったが、彼女が韓流映画にハマってからは圧倒的に韓国映画に行っている。「ブラザーフッド」「私の頭の中の消しゴム」「連理の枝」「四月の雪」に「親切なクムジャさん」などなど。僕を差し置いて友人グループと韓国旅行に行くぐらいだったので、その熱狂ぶりは推して知るべしである。

平成二二年（二〇一〇）、五五才の僕は社員研修所長として三年目を迎えていた。

一月には日本航空が会社更生法を申請し、六月には民主党の鳩山由紀夫首相が退陣して菅直人が新首相に就任した。小惑星探査機「はやぶさ」が地球に帰還し、歌番組ではＡＫＢ48の「ヘビーローテーション」が賑やかに流れていたという年でもある。

明日香は地元の金融機関に就職して三年目、大樹もどうにか就職戦線を突破して翌年春から、こちらも地元の金融機関への就職が内定していた。そういう状況の中で、光代と二人で行く映画は自然と増えていった。

「今度は愛妻家」「THE LAST MESSAGE 海猿」「孤高のメス」「桜田門外の変」……。結婚する前のように、ときめきを感じながら並んで映画を見るという事はもうなかったが、それでも僕は「このまま年を取って定年にでもなったら、やっぱり二人で映画に行く事が多くなるんやろなぁ……」と漠然と思っていたのだった。

一〇月には、この年一二本目の二人で見る映画である岡田准一主演の「SP 野望篇」の試写会に出かけた。女性というのはいくつになってもジャニーズ系が好きらしく「岡田クン、やっぱりええなぁ」としきりに感心していた彼女に僕は言った。

「来年春には続編が来るけん、また連れて来てあげるわ」——しかし、その約束は二度と果たされる事がなかった。

試写会からちょうど一ヶ月後、一一月一九日の夜、光代は五五才で突然この世を去った。

朝、出かける時に普通に声をかけ、夕方には普通にメールをした彼女が、数時間後にはもうこの世にいないという事実はなかなかすぐに受け入れられるものではなかった。

「いきなり愛する人がいなくなる」とか「突然家族が不幸のドン底に落ちる」という映画を星の数ほど見てきたのに、まさかそういう事態が自分の身に起こるという事は想像すらしていなかったのである。

それからしばらくの間は、つらいとか悲しいという感情以前に「なんで自分はこういう場所にいて、こういう事態になっているのか？」という不思議な感覚が先に立っていた。

あれだけ映画を見ていろいろな感情を抱き、あれだけさまざまな人生ドラマを学んできたのに、実際の人生はこんなにつらいものなのかと思うと、どうしようもない虚しさと悲しさが胸の奥から湧いてくるのを止められず、涙の涸れるほど僕は泣いた。

それから数ヶ月は、「どうやったらこの世にはいない彼女と連絡がとれるのか」とか、「ひょっとしたら何かの映画のようにフッと僕の前に帰ってくるかも知れない」とか、そんな事ばかり考えていたのだが、ひとつの事がきっかけで気持ちが大きく動く事になる。

それは、彼女が亡くなった四ヶ月後に発生した東日本大震災である。

何万人という人々が犠牲になり、テレビや新聞は災害報道一色となった。連日連夜にわたり、家族を亡くした人々の慟哭や、親や子供が行方不明になり名前を呼び続ける人たちの姿が写し出された。

それを見た僕は、光代が亡くなったときの哀しみと喪失感がフラッシュバックしてきて息苦しくなったのだが、それと同時に、「遺された者はそれでも前を向いて生きていかなければならない」という事にも気がついたのだった。

そして、そんな前向きに進んでいかなくてはならない僕の心の拠り所、それはやっぱり「映画」しかなかったのである。


それからも僕は映画を見続けた。

さすがに明日香や大樹と映画を見に行く事は少なくなっていたが、その分、母と二人でよく映画に出かけたものである。

行くのは相変わらず「戦争映画」だった。「太平洋の奇跡　フォックスと呼ばれた男」「日輪の遺産」に「連合艦隊司令長官　山本五十六」「少年H」という具合である。母は必ずと言っていいほど泣きながらスクリーンを見ていた。そしていつも「もうあなたが戦争に行く事はないと思うけど、孫たちの時代がそういう事にならないように願ってる」と口癖のように言っていたのを思い出す。

母と最後に並んで見た映画は、平成二六年（二〇一四）一月に行った「永遠の0」である。この映画でも母はやっぱり泣いていた。

もっといろいろな映画に連れて行ってたくさん話をしようと思っていたのだが何となくバタ

バタして機会がないまま、母は平成二七年（二〇一五）一月に八四才で亡くなった。奇しくも二人で「永遠の0」を見てからちょうど一年後の同じ日だった。

葬儀が終わって一段落した日の夜、僕はひとりで「永遠の0」のブルーレイを見た。その時、母と二人で見た時の事を思い出すと同時に、はるか昔から家族三人で見てきたいろいろな映画の思い出が走馬灯のように蘇ってきたのだった。

明日香は平成二六年（二〇一四）に結婚、大樹も平成三一年（二〇一九）に生涯の伴侶を得た。二人とも僕の家のすぐ近くに住んでいて、一人暮らしになった僕の様子をしょっちゅう見にきてくれる。ほんとうにありがたい事である。

そして平成二八年（二〇一六）には、明日香に長男・颯真が産まれた。僕にとっては初孫である。これだけ映画が好きな家系ではあるが果たして彼がそうなるかどうか、今はまだわからない。物心ついた時から、ブルーレイやBS、CS、配信映像やｙｏｕｔｕｂｅに囲まれている世代が、どんな映像感覚を持ちながら成長していくのかは大いに興味があるところだ。

平成三一年（二〇一九）四月には、颯真の初映画として「ドラえもん　のび太の月面探査記」を選んで一緒に見に行った。三才ちょうどでの映画館デビューである。暗闇や大スクリーンに物怖じするかと思っていたが、まったくそんな事もなく楽しんで見ていたようで一安心したものだ。

そして僕や大樹がそうだったように、彼は今、ゴジラや乗り物や戦隊ヒーローに夢中になっている。僕の部屋に遊びにくると、ゴジラや戦闘機、戦車のフィギュアが部屋中に配置されて、「対ゴジラ攻撃」が始まるという訳だ。最近はブルーレイで見た「シン・ゴジラ」が痛くお気に入りらしく「ヤシオリ作戦、発動！」とか「ゴジラ、完全に停止しました！」などと言いながら、僕のフィギュアを投げて悦に入っている。

令和元年(二〇一九)九月には、明日香に長女・緋奈が誕生。今はまだヨチヨチ歩いているだけだが、いつもニコニコと愛嬌たっぷりの笑顔で実に可愛いものだ。彼女にも母親である明日香と同じように「セーラームーン」や「ひみつのアッコちゃん」のような女の子ならではのお気に入り作品が出来るはずで、その時が楽しみでたまらない。

令和二年(二〇二〇)六月で、退職してからちょうど一年がたった。

光代と二人で映画でも見て、旅行でも行って……と考えていたのとは全く違う生活とはなったが、やっぱり映画は僕の「人生最大の友人」であり続けている。

年をとってくると段々と頑固になってくるようで、最近は映画に対しても好き嫌いがはっきりとしてきた。それでもまずは「映画は見てナンボ」である。時間を見つけては映画館に通う日々は学生時代と変わらない。平日の朝からでも映画館に行けるというのは実にありがたい事

平成二一年（二〇〇九）元旦。三世代がそろった最後の家族写真。

なのである。

どこの家族もそうであるように、僕の家族にも忘れられない歴史があり、心にいつまでも残る思い出がある。もちろん家族の歴史とは、楽しく心弾むものばかりではない。当然のように悲しくつらい時間もあれば、二度と思い出したくない出来事もある。それら全てを家族の歴史というのなら、映画ファンとしての僕が持つ家族の思い出は、常に映画とともにあったのかも知れないと思う。

思い出を振り返ると、その前後に見た映画のシーンが蘇り、映画のタイトルを聞くと、その頃の家族の姿が浮かんでくる。

父、母から僕へ、僕や妻から子供たちへ、そして孫たちへ――。

映画と家族の思い出は、これからもまだまだ作られていくのである。

映画は私の人生！

その頃の僕は京都に住んでいた。

毎週土曜日の夕方になると、堀川一条通りにある下宿からバスと市電を乗り継いで、郊外の一乗寺にある京一会館へオールナイト五本立てを見に行った。浴びるように見た映画の中の数多くのヒーロー、ヒロインたちと完全に同化し、暗闇の中で歓声を上げる超満員の学生たちの中に僕もいたのである。

「その頃」とは、令和も平成も始まるずっと前、昭和五〇年前後の事である。

あれからもう半世紀近くが過ぎたというのに、いまだに僕は映画への思いを断ち切れないでいる。

社会人となり家族や仕事に振り回される日常にとりまぎれ、追われるような日々。子供たちが大きくなり、それなりに自分の時間がもてるようになった頃。両親や妻を見送り、一人暮らしが始まり、会社を退職して一日中が自分の時間となったここ数年――。

そんな全てのステップの中でも、週に一、二度は映画館の暗闇で「映画という夢の祭り」に自分自身を参加させているのはそういう訳だからである。

ひととき日常を脱却し、夢の世界に誘ってくれる映画の素晴らしさに気づいたのは、中学生の時に「ベン・ハー」の壮大なドラマを見た時だった。それ以来、人生において大切なキーワードはすべて映画館で学んだような気がする。

生きていくという事はさまざまな葛藤と対峙する事であり、それは宿命とでも言うべき〝業〟であるという事は「砂の器」で思い知らされた。裏切りとか反発といった負の感情を徹底的にえぐり出した「仁義なき戦い」は社会人になってからの人間観察に大いに役立ったし、人を恋するのには一途な純粋性が不可欠という事実は「時をかける少女」の芳山和子から教わった。また、「マイ・フェア・レディ」や「雨に唄えば」に至っては、気分的に落ち込んだりナーバスになった時に見ると、「よーし！　また頑張ろう」とテンションが再上昇する。

そして、高校時代に初めてのデートで見た「男と女」、結婚を意識してから妻と初めて見た「2001年宇宙の旅」、さらには父や母、妻と最後に一緒に見た映画や、ついこの間、孫と初めて見た映画など、すべての思い出や感情の起伏といった人生の節目節目に必ず映画は寄り添ってくれていると言っても過言ではない。

それでも映画とは、詰まるところ「エンタテインメント」である。その面白さの尺度は評論家や雑誌の記事や他人の意見で決めるものでは断じてない。あくまでも自分の感性が決めるものなのだ。

他人がどう言おうと、自分の心に残るものはいいものだし、大ヒットした映画でも退屈なものは退屈なのだ。なぜなら映画とは「人それぞれの思いを紡ぐ夢の工場」だからである。

映画に目覚めた一四才の春の日から六五才の今日まで、数千本の映画との出会いを繰り返してきた。数多くの人の心をゆり動かしてきた二〇世紀最大の発明のひとつと言ってもいい「映画」は、これからも僕の心を虜にして決して色あせる事はない。

今年、令和二年、映画はかつてないほどの大きな試練に立たされた。まさか、今年がこんな年になるとは誰が想像しただろうか。

新型コロナウイルスの感染拡大という異常事態の前では、人類の英知や生活形態がいかに脆くて弱いものかという事が、現実として突きつけられたのだ。そして、そんな状況になった時、一番に排除されるのがエンタテインメントの世界なのである。

映画を見るどころではない、野球やサッカーをしたり音楽を聴いている場合ではない……。

一月に一六本、二月に一六本、三月に一二本と映画館での鑑賞を続けてきた僕だったが、四月になってついに恐れていた事態が起こった。映画館の閉館である。

半世紀近く映画を見続けてきたが、まさか「映画館が映画を上映する事を中止する」などという事は考えた事もなかった。そして、そこから始まったさまざまな事態は、どれもが映画ファンの心を激しく痛めつけるような事ばかりだった。

大手系列映画館の閉館に続いて、単館系ミニシアターの閉館とそれに伴う経営危機の露呈。廃業していく地方の映画館。話題作の無期限公開延期、製作途中の作品の撮影中断などなど。

ただ、こんな状況になってみて今さらのように、「映画を見るとはどういう事か」とか、「人間にとってエンタテインメントとは必要なのか」とかを、考える契機になったようにも思う。

文化や芸術の素晴らしさは、多くの人が集まり、語り、感動や思いを共有する所にある。そういった要素を全て封じられた時、人は何によって心を動かされるのだろうか。

生身の人間がパフォーマンスする事で感情をゆさぶられるスポーツや音楽ライブ、演劇といった分野は、この状況の中で「無観客試合・無観客演奏」という表現方法を採用した。しかし、そういった所とは違う立ち位置にあるのが映画芸術だと思う。

絵画や彫刻展で「無観客展示」が考えられないのと同様、映画館で「無観客上映」というのはあり得ないのだ。映画館という大きな真っ暗な空間の中で、目的を同じくする多くの人と一緒に鑑賞する事が、映画の醍醐味なのである。

そんな事をあれこれと考えつつ、五月中旬に再開したイオンシネマ綾川に駆けつけて久しぶりにスクリーンで映画を見て泣きそうになった。やっぱり映画は映画館のスクリーンで見なくては意味がないという事実を改めて認識させられたのだ。

映画館が閉館している間、いわゆる動画配信サービスは業績がアップしており、スマホやパソコンで「映画」を見る人は増えている。映画会社もビジネス面からの視点に立ち、映画館ではなく動画配信会社に作品を供給する状況になっている。

しかし、それらの媒体で映し出される映像は決して「映画」ではなく、あくまでも「デジタルコンテンツとしての映像」だと僕は思っている。映画とは大きなスクリーンに、最良の音響とともに映し出される光と影の感動を、多くの人たちと分かち合い味わうものなのだ。

映画館主義――。これが僕の映画ファンとしての、変わる事のない矜持である。

この文を書いている一二月時点で、映画館は新型コロナウイルス感染対策をしっかりと実施したうえで販売座席数を増やしていったり、話題作を封切公開したりと、徐々に元の体制に戻りつつある。ただ、感染状況はまだまだ予断を許すような事態ではなく、いつまた「映画館閉館」という事になるかもわからないというのが現状であるが……。

映画はビジネスであると同時に、文化でもあり芸術でもある。

世界がどのように変化しても、映画が廃れる事はない。上映方法や表現形式、視聴の方法が変わっても、映画という文化は必ず人々の心に大きな足跡を残していくはずだ。

そして僕は、ひたすら映画館に通い続ける。

もう六五才にもなると、人生訓をありがたそうに教えてくれる説教じみた映画はうっとうしいだけである。ただ、自分の感性に響く素晴らしい作品との幸福な出会いを求めて僕はまた今日も映画館へと足を運ぶのである。

そして映画を見て、映画を語り、その面白さと喜びを仲間たちと共有し、素晴らしさを人に伝えていく……。

まさに「映画は私の人生」である。

なんと素晴らしい事ではないか！

あとがき

令和元年（二〇一九）六月に会社を退職した時には、年内に原稿を書き上げて年明けからとりまとめ、退職一周年となる東京オリンピック前後には出版するつもりだった。

ところが退職してからというもの、平日朝からの映画館通いを手始めに、友人たちとの台湾旅行やバンド活動、遠征してのライブ参加などにうつつを抜かしてしまい、原稿に着手したのが去年の暮れという有様……。

そして年が明けてからは、想像もしなかった新型コロナウイルスの感染拡大という事態が起こった。二月から六月までの数ヶ月は、刻々と変わる感染状況や社会の有り様に緊張しながら、時間を見つけてはパソコンに向かって原稿を書く日々が続いたという訳である。

いざ書き始めると、それぞれの「映画と人生」の一コマ一コマに思い入れが強く、筆がすすまない時もあったし、逆に感情がほとばしり出て泣く泣くカットした文章があったのも、今となっては思い出だ。

そんな、まさかの東京オリンピック延期に始まり、コロナウイルスに対する劇的な社会環境の変化という状況のなか、こうして一冊の本という形で僕の思いを届ける事ができ、本当に嬉しい気持ちで一杯である。

①番スクリーン～③番スクリーンの各編は、平成一三年（二〇〇一）四月～平成一五年（二〇〇三）九月まで四国新聞紙上に連載された「高松純情シネマ館」と、平成一九年（二〇〇七）

三月～平成二四年（二〇一二）四月まで、株式会社ＳＴＮｅｔのウェブサイト「ピカラタウン」に掲載されたコラム「帰来雅基のシネマな生活」を大幅に加筆修正したものである。六五才になった今の感慨や、当時とは変化した思考回路を辿って文章を再構成していく事は実に心躍る作業だった。

書かれているエピソードは、多少のデフォルメや脚色、加齢による記憶違いはあっても、基本的にはすべて僕の回りで実際に起こった事ばかりである。幸いに、日記、写真、映画ノート、パンフレット、雑誌など資料には事欠かない状況であるだけに、どの出来事もつい昨日の事のようにも思える。

そして、中に登場する数多くの「映画」たちと、僕が知る限りのすべての人たちに、改めてお礼と感謝の言葉を捧げたい。

四二年三ヶ月の間、お世話になった株式会社四電工の上司、先輩、同僚、後輩の人たち。劇場支配人、映画界の先輩、ラジオ局、映画イベント、編集者、映画マスコミの人たち。小学校から大学時代まで、変わらぬ付き合いをしてくれた多くの大切な友人たち。

特に二〇年前の前回に引き続いて、今回もこの本の表紙デザイン、本文中のイラストやカットを手がけてくれた岡輝人君には改めてお礼を言いたい。

そして、同志社大学玉村ゼミの先輩という関係で、「本を出したい！」という無理な願いを聞き届けていただき、構想段階から今に至るまで、親身になってご指導をいただいたサンライズ出版株式会社の岩根治美専務には、本当にありがとうございました。打ち合わせで彦根市にある本社にお伺いした帰り道に見た、琵琶湖に沈む晩秋の夕陽は、今も心に残る思い出だ。

また、二冊目の本の出版を誰よりも喜んでくれているだろう亡き父と母。そして妻。

みんなのひとつひとつの思い出を心に呼び起こしながら文章を書いて本にまとめる事ができ、僕にとってこれほど嬉しい事はない。

さらには、常に僕の事を気にかけ、日々の支えとなってくれている明日香と大樹、二人の子供たちにも心からの感謝の気持ちで一杯である。

先行き不透明な令和の時代ではあるが、映画は決して滅びる事なく、これからも人々の心を揺り動かしていき、僕の人生のすぐ隣に立ち続けていてくれるに違いない。

そして僕も「映画という、終生変わる事のない永遠の恋人」と一緒に、家族やたくさんの友人たちに支えられながら、歩んで行く。

帰来雅基。まもなく六六才。

——人生のお楽しみはこれからだ！　May the FORCE be with me !!

令和二年（二〇二〇）一二月

帰来雅基

著者略歴

帰来　雅基（きらい　まさき）

昭和30年1月1日、高松市に生まれる。高松市立亀阜小学校、紫雲中学校、香川県立高松高校、同志社大学商学部卒業。昭和52年㈱四電工入社、42年間勤務し、令和元年定年退職。現在は映画ナビゲーターとして、自分の眼で見て自分の感性で確かめた映画の面白さを多くの人たちに語り、書き、話し、伝える事に大きな喜びを感じている。

今までに鑑賞した映画は数千本以上。「映画は映画館で見る」事をモットーに今も週2～3回は映画館に通う。27年目に入ったエフエム香川の映画情報番組「勝手にシネマニア」（毎週土曜日午後6時～）の案内役を始め、ラジオや映画イベントなどでそのマニアぶりを大いに発揮している。キネマ旬報社主催「第1回映画検定」で1級合格。

映画以外にも、全国の航空ショー巡り、乃木坂46、70年代アイドル歌謡曲、プラモデル製作にバンド活動と実に多くの趣味を持つ好奇心旺盛なA型人間。

座右の銘は「青春とは心の様相をいう」。

瀬戸内純情スクリーン—映画は夢のワンダーランド

2021年1月1日

著　者　帰来雅基
発行者　岩根順子
発行所　サンライズ出版株式会社
〒522-0004 滋賀県彦根市鳥居本町655-1
電話 0749-22-0627　FAX 0749-23-7720
印刷所　シナノパブリッシングプレス

ISBN 978-4-88325-705-8 C0095